2년 만에 무인 매장 200호점 오픈한 대표의
성공 노하우

나는 무인 매장으로 퇴사합니다

● 용선영 지음 ●

국일미디어

무인 창업으로 시작하세요

무인 창업, 지금의 나를 만든 소중한 것이다. 경력 단절 여성으로 살아가던 내가 무인 창업의 전문가이자 주식회사의 대표라는 직함을 갖게 될 것이라고 누가 상상할 수 있었을까? 나조차 상상하지 못했다. 하지만 무인 창업은 내 꿈의 실체를 크고 뚜렷하게 만들어 주었다. '무인 창업'이라고 하면 사람들이 내 이름을 떠올릴 수 있도록 나를 크게 성장시켜 주었다.

나는 무인 문구점인 '문구방구'와 무인 키즈카페 '꿀잼키즈룸'을 운영 중이다. 무인 매장 확장과 브랜드 성장을 위해 '러스'라는 이름의 주식회사로 전환하기도 했다. 그 출발은 작은 무인 문구점이었다. 2021년 매서운 겨울에 시작했던 문구점은 200호 가맹점을 오픈하는 데 중요한 씨앗이 되었다. 2년 만에 200개 무인 매장의 대표가 될 수 있었던 특별한 이유가 있을까? 그 이유는 처음부터 내가 부자여서도, 시간이 많아서도 아니었다. 나는 부자가 되고 여유를 찾기 위해 창업 전선에 뛰어들었다. 그리고 그 도전이 지금의 성과로 나타났다.

무인 매장 분야는 꾸준히 성장하고 있으며 전망도 좋다. 우리의 삶에 스며든 이 분야는 앞으로 대체할 수 없는 시장으로 자리매김할 것이다. 이 무인 매장을 이끌 사람들은 나와 같은 경력 단절 여성, 구직자, 퇴직자, 직장의 월급만으로는 생활을 꾸려나가기 힘든 직장인들이다. 성장과 소소한 행복을 꿈꾸는 사람들에게, 먼저 무인 창업을 시도했던 사람으로서 씨앗을 심는 법을 알려주고, 열매를 맺도록 응원해 주는 것이 이제 러스 대표로서의 내 중요한 꿈이자 사명이다.

이 책은 무인 매장을 창업하고 운영하며 깨달은 내 노하우를 담고 있다. 작게는 아이템 선정에서부터 상권을 분석하는 법, 진열하는 법까지 정리해 놓았다. 무인 매장에 대해서 궁금해 하는 사람들, 무인 매장을 창업하려고 하지만 무엇부터 손을 대야 하는지 고민하는 사람들을 위해 먼저 경험하여 터득한 정보들을 아낌없이 넣었다.

내가 할 수 있으면 남들도 할 수 있다. 이런 마음이 내가 책을 낼 수 있는 용기를 기꺼이 주었다. 나도 처음부터 전문가는 아니었다. 시행착오도 많았다. 하지만 좌절을 딛고 일어나 걸어 지금에 이르렀다. 나와 같은 사람들에게 이 책이 읽히기를 기대한다. 어려운 경제 상황 속에서 주저앉아 있는 사람들, 열정은 있지만 방법을 모르는 사람들, 아이를 키우느라 돈을 벌 시간이 없는 여성들, 모두가 나의 동업자이자 동료이다. 적은 돈으로도 가족과 자신이 행복할 수 있는 부를 창출하는 길, 무인 창업을 통해 더불어 살아가는 길을 이 책을 통해 발견하기를 바란다.

Chapter 2

나만의 점포 만들기 전 알아둬야 할 필수상식

Chapter 3

무인 창업, 무조건 성공하는 법칙

Chapter 4
성장의 흐름을
지속하라

Chapter 5
누구나
대표가 될 수 있다

부록

각종
지원 정책

Chapter 1

인생의
터닝 포인트
무인 창업

시대가 원하는 흐름을 읽는 법

돈의 흐름을 읽고 기회를 잡자

'어떻게 살 것인가?'

이 질문은 철학적 성찰이 아니다. 최소한 나에게는 그렇다. 이 질문이 떠오를 때마다 목이 턱 막히는 답답할 때가 있었다. 그런 감정을 느꼈던 이유는 무엇보다 돈에 가로막혀 허둥대는 내 삶, 내 하루 때문이었다. 이를 해결하고자 나의 내면을 달래고 성찰하는 것은 일시적인 위로만 줄뿐 근본적인 방법이 되지 않았다. 삶을 개선하기 위해 필요한 것은 우리를 둘러싼 세상, 오늘과 내일을 읽는 힘이다.

팬데믹으로 모두가 힘든 시절, 누구나 오늘을 위해 고군분투했다. 이러한 상황이 준 위기감은 무엇보다 한 치 앞도 예상할 수 없는 불안감이었다. 하지만 그런 상황에서도 누군가는 변화하는 사회를 읽고, 앞으로 나아갔다.

팬데믹 시기에 우리는 무엇을 하며 버텼는지 떠올려 보자. 사람들은 온라인으로 교육을 받고, SNS를 통해 소통했다. 배달 음식을 주문하는 빈도도 급증했고, 온라인에서 취미 활동을 찾았다. 영화관에서 팝콘을 먹는 대신, 집에서 넷플릭스를 정주행하며 휴식을 취하는 일은 단순한 여가를 넘어 집콕 생활의 일부가 되었다. 이러한 현상은 '피로 사회'로 대변되는 과거를 벗어나 주어진 시간을 효율적으로 사용하려는 욕망을 자극했다.

사람들은 불필요한 만남을 피하고 싶어 한다. 효율적인 시스템 안에서 움직이기를 원한다. 패스트푸드점에서는 키오스크가 사람을 맞이하고, 사람들은 점차 이 시스템에 적응되기 시작한다. 이는 단순한 사회적 현상이 아닌 사회의 구조가 변화되고 있다는 신호이다.

사람들이 흔히 하는 말들에 귀를 기울여 보자.

"어디 초등학교가 폐교된대요", "조카가 서른이 넘었는데 아직도 집에서 쉬고 있어요", "90년생부터 국민연금을 못 받을 수도 있다네요", "컴퓨터나 로봇이 일을 다 하니 사람이 필요 없겠어요." 혀를 차는 사람들의 입은 저출산, 저성장, 고령화, 4차산업 시대를 겨냥하고 있다. 위기이다. 하지만 이를 위기가 아닌 도약과 변화로써 듣는 귀가 당신에게는 있는가?

나는 무인 매장으로 퇴사합니다

눈을 크게 뜨고 변화된 세상을 바라보자. 사회의 변화를 읽고, 사람들이 필요로 하는 것은 무엇인지 찾아내는 눈이 필요하다. 저성장 시대에 일자리는 부족하고, 청년 실업률은 증가하고 있다. 기술의 발달은 적은 인력에도 대량으로 물품을 생산해 낼 수 있는 자동화 시스템을 발전시키고, 대부분 기업은 이를 활용하고 있다. 그러니 대기업에 취직한다 해도 노후가 보장되지 않는다. 대기업의 평균 은퇴 나이는 2023년 기준으로 49.3세이다. 50세가 채 되기 전에 일자리를 잃는다. 그러니 수명의 연장을 마냥 기뻐할 수 없다.

남의 일이 아니다. 사람들이 제2의 기회라고 생각하는 창업 시장의 흐름도 바뀌고 있다. 식당에서는 홀서빙 로봇이 돌아다니며, 주문과 조리도 기계들이 대체하고 있다. 높은 임대료를 지불하는 대형 매장의 폐업률이 증가하고 있다. 코로나 이전에는 사람들이 잠시 쉬며 여유를 찾는 20평 규모의 커피 전문점들도 성행했으나 지금은 아니다. 오히려 7~8평의 소형 테이크아웃 전문점이 늘어나고 있다. 주말에 가족들과 바람을 쐬러 방문하는 시내 외곽 등지에는 대형 매장이 오픈되고 성행하고 있지만, 주중에 우리의 일상 중 찾을 수 있는 매장들은 점차 축소되고 인력도 줄어들고 있다.

그렇다고 소비자들의 욕구가 축소된 것은 아니다. 오히려 사람들의 욕구는 다양해지고 있으며, 아이템도 다채로워지고 있다. 물론 일정한 시기가 지나면 사람들이 찾지 않는 아이템도 생겨날 것이고,

유행하는 새로운 아이템도 생겨날 것이다. 이는 자영업자들이 경험하는 현실이다. 그러니 창업하기 위해서는 세상이 어떻게 움직이고 변화하는지, 소비자가 어떤 것을 원하는지 늘 공부해야 한다. 작은 점포를 열고, 부업을 운영한다고 하더라도 창업에 도전한다면 최소한 미래의 흐름과 방향을 읽고, 이와 함께 자신에게도 적합한 아이템을 선정해야 한다.

근로소득과
시스템 소득의 차이

트렌드 코리아에서 발표한 2024년의 10대 소비 트렌드 중 첫머리를 차지하는 키워드는 '분초사회'(Time-Efficient Society)이다. 사람들이 시간을 돈보다 중요한 자원으로 인식한다는 것이다. 사회는 빠르게 나아가고 있고, 이를 경험하고자 하는 사람들 또한 바쁘게 움직이고 있다.

하지만 이는 2024년 전후의 트렌드라고 할 수 없다. 자신의 시간을 나누고 더 쪼개며 자신의 업을 감당해 온 사람들은 수없이 많다. 예를 들어 육아를 책임져야 하기에 퇴직을 감행했던 사람들은, 아이들이 성장한 후 늘어나는 교육비를 감당하기 위해 할 수 있는 일을 찾아 나섰다. 밤낮없이 피로에 시달린 사람들의 꿈은 가족을 위해 많은 개인 시간을 확보하며, 동시에 나와 가정의 생활을 유지할 수 있는 소득을 유지하는 것이었다.

이 꿈을 표현하는 단어가 바로 '시스템 소득'이다. 우리에게 익숙한 소득은 아마 '근로소득'일 것이다. 통계청에서는 이 소득을 '사업체에 고용되어 근로를 제공한 대가로 받는 모든 현금과 현물'이라고 정의한다. 쉽게 말해 회사에 다니는 사람에게는 정기적으로 받는 월급과 상여금 등이 될 것이며, 자영업자에게는 자신의 시간과 노력을 투자하여 얻는 소득이라 할 수 있을 것이다. 판매 혹은 프로젝트에 참여하여 얻는 커미션이나 보너스도 근로소득에 속한다.

하지만 시스템 소득은 '자동으로 생성되는 돈'이다. 마법 같은 얘기지만, 설정한 시스템에 의해 생겨나는 돈이기에 마법은 아니다. 즉 저절로 생겨나는 공짜돈이 아니라는 것이다. 소득을 생성시킬 수 있는 시스템, 프로그램, 플랫폼 등 자동화된 방식을 활용하여 지속적으로 소득의 흐름을 만들어 내는 것이 바로 시스템 소득이다. 주식을 통해 얻는 배당금이나 이자도 시스템 소득이 될 것이며, 부동산을 임대하여 얻는 수익도 시스템 소득이다. 창작 활동을 통해 얻은 저작권으로 발생한 수익도 시스템 소득이다. 다음은 근로소득과 시스템 소득의 유형을 표로 정리해 본 것이다.

근로소득과 시스템 소득을 설명하며 강조하고 싶은 것은 바로 시

근로소득의 유형

급여	자영업	커미션 및 보너스
가장 일반적인 유형의 근로소득. 개인이 업무를 수행한 대가로 정기적으로 받는 소득.	컨설팅, 프리랜서 등 자영업을 통해 얻는 소득도 유효소득에 해당	판매 또는 프로젝트 완료 등 개인의 성과에 따라 추가로 지급되는 수익
소득을 얻으려면 업무 관련 활동에 직접적인 참여와 시간 투자가 필요	회사나 단체가 시간과 일에 대해 보상, 자영업자는 자신의 사업을 창출	개인의 생산성과 성공 여부에 따라 크게 달라질 수 있음

시스템 소득의 유형

배당금 및 이자	임대소득	저작권	자본이득
•배당금: 기업이 주주에게 지급하는 이익 분배금 •이자: 금전 또는 기타의 대체물을 사용한 대가로서 원금액과 사용기간에 비례하여 지급되는 금전	•임대소득은 개인이 부동산을 임대하여 버는 수익 •소득을 극대화하려면 적합한 임대 부동산을 찾고 잘 관리하는 것이 필수적	다른 사람이 자신의 창작물이나 지적 재산을 사용하도록 허용하여 얻은 수입 (특허 발명품 라이선스 부여 또는 교육 자료 제작이 포함)	부동산, 공사채, 주식 등 자본적 자산의 평가변동에서 발생하는 차익

스템 소득이 사람의 라이프 스타일에 미치는 긍정적인 영향이다. 근로소득은 나의 노동과 시간을 대비하여 돈을 버는 것이기에, 소득에 한계가 있다. 시스템 소득은 당장에 돈이 되지 않을 수 있지만,

시스템이 잘 구축되기만 한다면 이후 노동력을 크게 들이지 않고도 큰돈을 벌 수 있다. 즉 노동과 수고에 얽매이지 않고 내 시간을 확보할 수 있는 소득이 시스템 소득이다.

물론 시스템 소득이 근로소득에 비해 안정적이지 않다고 느끼는 사람들도 있다. 정확한 날짜에 내 통장에 입금액이 찍히는 게 아니며, 수익 또한 예측할 수 없기 때문이다. 달라지는 시장의 상황에 따라 소득이 늘어날 수도, 급격히 줄어들 수도 있다. 하지만 경제 상황이 악화될 때마다 생겨나는 불확실성은 그 누구도 피할 수 없다는 것을 팬데믹의 경험을 통해 모두가 알게 되었다. 우리는 안정적인 미래가 짓는 웃음은 기회를 찾고 도전하는 사람만이 마주할 수 있다는 사실을 알 수 있다.

나 없이도 일하게 하는 일
무인 창업이란?

　'무인 창업', 말 그대로 사람이 없이도 운영 가능한 점포를 창업하는 일이다. "과연 점포를 관리하는 직원이 상주하지 않는데, 가게를 운영한다는 것이 가능할까?" 현재 이러한 질문을 하는 사람은 드물 정도로 무인 매장은 일상화되어 있다. 소비자가 직접 바코드 스캐너를 들고 자신이 구입할 물건을 계산하는 일은 더 이상 이상하거나 어색한 일이 아니다. 상상 속의 일이 아니라 우리가 경험해 본 일이기도 하다.

　집에서 세탁하기 어려운 큰 이불을 들고, 24시간 운영되는 빨래방에 가 본 적이 있을 것이다. 사장님의 얼굴을 마주하지 않고, 익숙하게 기계 앞에 서서 자신이 필요한 사항을 선택한다. 세탁기에 이불

→ 인형 뽑기 (출처 : 픽사베이)

→ 무인 문구점 (출처 : 문구방구 홈페이지)

→ 음료 자판기 (출처 : 위키백과)

→ 키오스크형 자판기 (출처 : MSTODAY)

을 넣고 기다리면 짧은 시간에 빨래와 건조가 완료된다. 이러한 과정이 간단하게 이뤄진다. 이런 간단한 생활을 우리는 일상 곳곳에서 누리고 있다. 가게의 주인은 없지만 서비스를 누리는 사람들로 북적이는 점포가 우리 주변에 많다는 것이다.

이러한 무인 매장의 형태는 과거에도 있었다. 지하철에 있는 자판기 앞에서 동전을 찾던 기억은 우리에게 추억처럼 자리한다. 추운 겨울 우리에게 달짝지근한 따뜻함을 선사하던 커피의 향을 기억할 것이다. 그러나 그 기억 안에 커피를 만들고, 동전을 받아 드는 사장

나는 무인 매장으로 퇴사합니다

의 모습은 없다. 인형 뽑기도 마찬가지다. 500원 동전을 넣고 어떻게 든 인형을 내 것으로 만들기 위해 애를 쓰던 기억 안에도 이를 관리 하던 사람의 모습은 없다. 문구점 앞에 앉아 동전을 집어넣고 게임 을 할 때도 나를 둘러싼 여러 친구의 모습들은 기억나지만, 사장님 의 모습은 뚜렷이 기억나지 않는다.

물론 이러한 시스템은 동전을 기계에 넣고, 상품을 뽑는 단순한 형태의 구조이다. 그러나 이러한 구조가 점차 다른 매장에도 적용되 어 일상의 다른 부분까지 메우고 있다. 마트에서 물건을 소비하는 것뿐만 아니라, 문화를 누리는 데도 무인 매장은 하나의 일상이 되 었다. 주인이 없는 탁구장에 들어가 운동할 수도 있고, 사진을 찍을 때도 사진사 없이 기계 하나면 뚝딱 사진을 찍을 수 있다.

왜
무인 창업이어야 하는가?

1) 무인 창업의 장점

　근래에 무인 창업이 많은 사람의 관심을 받는 이유는, 아무래도 이러한 형태의 창업이 지닌 장점이 많기 때문일 것이다. 무인 창업은 '비대면 서비스'이다. 많은 사람이 사장님 또는 직원의 친절을 '서비스'라고 인식하지만, '비대면 서비스'가 점차 사회에 안착이 되어가고 있는 이유가 있다. 특히 이는 코로나 이후 큰 장점으로 부각되었다.

　"무인 창업을 하면 뭐가 좋아요?"
　내가 예비 창업자들을 만나면 가장 많이 듣는 질문이기도 하다. 무인 창업이 지닌 장점은 무인 창업에 대한 관심이 있거나 자본이 부족해서 창업을 망설이고 있던 분들에게 무인 창업을 할 동력이 되었다. 내 경험을 토대로 많은 분이 궁금해할 무인 창업의 장점을 정리해 보겠다.

첫 번째, '시간적 자유'이다. 코로나가 유행하던 시기 아이를 키우는 많은 주부가 무인 창업을 시작하였다. 당시 아이들이 학교나 유치원에 가지 않고 재택 수업을 하게 되면서 부모님들도 아이들을 돌보기 위해 집에 있어야 했다. 회사에 다니며 아이를 돌볼 수는 없는 상황이었다. 재택 수업이 풀린 상황에서도, 아이가 코로나에 걸려 자가격리에 들어가면 꼼짝없이 아이 옆에 붙어서 간호해야 하는 형편이었다. 하지만 이를 일일이 회사에 말하기도 눈치가 보이는 상황이었다. 그렇다고 일을 그만두자니 생활은 어려워질 게 뻔하고, 대부분 난감한 상황을 경험했을 것이다.

그때 사람들이 눈을 돌려 시도한 것이 바로 무인 창업이다. 종일 매장에 있으면서 관리하지 않아도 되니, 시간을 자유롭게 쓰고 일상을 영위할 수 있게 된 것이다. 이후에 시간적인 여유가 생겨서 재입사하였다가도, 다시 퇴사한 분도 있다. 시간적 자유를 누리면서 경제적 자유도 함께 누릴 수 있는 무인 창업의 장점을 이미 경험했기 때문이다.

두 번째, '소규모 자본으로도 충분히 창업할 수 있다'라는 점이 무인 창업의 큰 장점이다. 유인 매장을 열게 되면 최소 7천만 원 이상의 비용이 든다. 현실적으로 억 단위의 자본이 있어야 창업에 도전할 수 있다. 임대료, 인건비, 각종 관리비 등 창업 이후에도 고정 비용이 꾸준하게 들어간다. 이 초기 자본과 고정 비용 때문에 창업 이후 1~2년 사이에 문을 닫는 점포들도 많다. 막대한 투자금이 들었지만, 그만큼의 수익이 나지 않으니 손해를 감수하고 가게를 닫게 되는 것이다.

하지만 무인 창업의 경우 초기 자본의 부담과 위험성이 줄어든다. 무인 창업의 경우 매장이 작아도 되니, 상대적으로 임대료가 적게 들어간다. 즉 저렴한 조건으로 가게를 구할 수 있다. 소형 매장이다 보니 상권 위치 선정에도 유리하고 인테리어도 비교적 적은 비용으로 해결할 수 있다. 물론 워터룸, 키즈카페, 스포츠, 사진관의 경우에는 무인 매장임에도 어느 정도의 인테리어는 필요하다. 하지만 그마저도 비용이 훨씬 저렴하다. 자본이 없어서 인테리어를 할 비용이 없을 때는, 인테리어가 굳이 필요하지 않은 소자본 무인 매장을 선택하면 된다.

세 번째, '유인 매장보다 훨씬 낮은 고정 지출'이다. 무엇보다 지출해야 하는 인건비가 없다. 사람을 고용하지 않으니 인건비로 돈이 나갈 걱정이 없다. 키오스크를 사용하여 소비자가 스스로 결제하니 효율성이 높다. 그러니 주업을 하면서 부업으로도 무인 창업을 할 수 있다. 진입 장벽도 낮다. 무인 창업을 하기 위해 긴 시간 기술을 익히고 조건을 충족해야 할 필요가 없다. 초기 창업 비용만 마련된다면 누구나 할 수 있는 일이다.

2) 무인 창업의 단점

장점이 명확한 무인 창업. 사람들이 왜 무인 창업을 하지 않는지에 대한 의문이 들 정도로 무인 창업은 좋은 선택지처럼 느껴진다. 하지만 장점이 명확한 만큼 단점도 명확하다.

첫 번째, 무인 창업의 경우 도난 등 보안에 매우 취약하다. 이를 '로스율'이라고 한다. 특히 매장 주 소비층의 연령대가 어린 경우 로스율은 상대적으로 증가한다. 많게는 5~10% 정도의 로스율을 보이기도 한다. 쉽게 떠올려 보면 아이스크림 매장 같은 경우이다. 이를 막기 위해 CCTV로 촬영하고, 경고문을 붙여 놔도 로스율을 줄이기는 어렵다.

"셀프 빨래방, 무인 렌탈 스튜디오 같은 경우에 도난 위험이 없지 않나요?"라고 질문할 사람도 있을 것이다. 물론 상품을 가지고 이동할 수 없는, 위와 같은 매장을 운영하는 것도 도난 위험을 사전에 막는 방안처럼 생각될 수도 있다. 하지만 이런 매장은 기물 파손의 위험이 있다. 관리하는 사람이 없기 때문에, 도난, 기물 파손과 같은 사고가 발생할 때 즉각 대응하기 어렵다. 이렇듯 무인 매장이 보안에 취약하다는 단점은 어쩔 수 없는 계륵처럼 느껴지기도 한다.

두 번째, '어느 정도는 사람의 손이 필요하다는 것'이다. 매장을 운영하는 사람이 매시간 있어야 하는 것은 아니지만, 그래도 최소 하루에 한 번은 매장에 나가 관리를 해야 한다. 판매하는 상품을 진열하는 일, 관리하는 일은 직접 해야 하므로 이 정도의 수고로움은 무인 매장 운영을 위해 감당해야 한다. 유통기한이 임박한 물건은 없는지, 다 팔린 상품은 없는지 확인해야 하며, 매장의 청결도를 유지하기 위해 관리해야 한다. 만약 주업이 따로 있어서, 최소 하루에 한 번 이상 매장에 갈 시간이 없다면 창업을 재고하는 것이 필요하다.

소자본으로 도전 가능한 유일한 기적

무인 창업을 해야 하는 이유

소비자들이 추구하는 효율적인 소비, 이에 대해 무인 창업은 창업자에게도 효율적인 사업 분야이다. 무인 창업에 도전하기 위해 나를 찾아와 주었던 사장님들은 지금도 나에게 고맙다고 말한다. 매력적인 선택지였던 무인 창업을 하신 사장님들의 인생 또한 풍요롭게 만들어 주었기 때문이다.

무인 창업에 관심을 두는 사람들은 남녀노소, 각양각색 달랐다. 하지만 무인 창업의 아이템과 소비자들 모두 다양하기에, 사장님들의 선택도 다양하고도 많은 긍정적 결과를 낳았다.

기억나는 분들이 많다. 먼저 워킹맘이셨던 한 사장님이 떠오른다. 육아와 일의 균형을 맞출 수 없어 늘 힘들어했다. 10년 동안 아이들을 어린이집에서 오후 7시에 하원시키며 회사 일을 병행했다. 경력은 단절되지 않았지만 아이들과 많은 시간을 보내지 못한다는 아쉬움과 미안함이 늘 있었다. 하지만 회사를 그만둘 수도 없었고, 창업할 용기도 없어 마음고생하다가 무인 창업에 대해 알게 되었다. 무인 창업에 대한 안내와 도움을 받은 뒤, 매장을 오픈한 사장님의 만족도는 최상이었다. 아이들과 함께 있는 시간이 많아졌기 때문이다. 늘 부모와 떨어져 있었던 아이가 가장 먼저 밝아졌고, 웃는 아이로 인해 가족의 분위기도 바뀌었다. 가정을 위해 돈을 벌지만, 그 돈 때문에 가정에 소홀할 수밖에 없는 현실은 일하는 엄마들에게 늘 아픔으로 다가왔다. 무인 창업 덕분에 수익을 내면서도 그동안 꿈처럼 여겨졌던 가족들과의 행복한 시간을 누릴 수 있게 된 것이다.

두 번째로 기억나는 분은 회사원이면서 상가를 가지고 계신 분이었다. 그런데 가지고 있는 상가에 입주하는 가게가 없다 보니 공실인 상태였다. 그 상태가 오래도록 지속되었는데, 게다가 이자 금리가 올라 대출금에 대한 부담감이 커졌다. 자신의 상가였기 때문에 가게를 직접 열어 운영해도 되지만, 다니던 회사를 그만둘 수 있는 형편이 아니었다. 이를 해결할 수 있는 좋은 대안이 바로 무인 매장 창업이었다. 사장님은 회사에 다니면서 상가에 무인 매장을 오픈해 부업으로 운영하기 시작했다. 수익이 발생하니 대출금 및 이자에 대한 부담도 줄어들었고, 오히려 자신의 수입이 늘어 생활에 대한 만족도가 높아졌다.

나는 무인 매장으로 퇴사합니다

세 번째는 나이가 들어 은퇴하신 분이다. 충분히 일하실 수 있는 나이인데도 은퇴하다 보니 무척 적적해하셨다. 그렇다고 무리하게 일을 벌여 사업을 운영하시기에는 힘든 상황이었다. 이런 부모님을 바라보는 자녀들에게도 부모님의 상황이 많이 고민되었을 것이다. 우울감에 젖어계신 부모님이 걱정되면서도, 이미 은퇴까지 하셨는데 다시 힘들게 일하는 모습을 생각하니 그 또한 걱정이었다. 시간적 자유를 누리면서도 적당한 에너지를 소비할 수 있는 일, 이에 대한 대안이 바로 무인 매장 운영이었다. 자녀들은 부모님께 무인 매장을 차려드렸다. 그러니 부모님의 우울감도 차차 사라졌다. 이로 인해 수익도 생기고, 무엇보다 일이 생기니 부모님께서 노후에도 안정감을 느끼셨다.

네 번째로 경력 단절로 걱정하시던 주부님들이 생각난다. 아이를 키우느라 보낸 몇 년 세월은 재취업의 어려움으로 나타났다. 몇 차례 취업을 시도했으나 번번이 거절당하니 자존감도 많이 떨어지셨다. 남편의 벌이는 있었지만, 아이의 학원비를 걱정해야 했고, 외벌이인 남편을 힘들게 하는 것 같아 눈치가 보였다. 하지만 자신에게 문을 열어주지 않는 취업 시장에 계속 매달릴 수도 없었다. 그래서 찾은 것이 무인 매장 창업이었다. 무인 매장을 운영하는 데는 나이나 경력 단절이 장애물이 되지 않는다. 오히려 그동안 아이 엄마로서 살아가며 경험했던 모든 것이 사업 아이템이었다. 더군다나 무인 매장은 소자본으로도 창업이 가능하기에 시작하기에도 부담이 없었다.

무인 창업 시도는 곧 소득으로 돌아왔고, 늘 일에 전전하던 남편의 짐을 덜어줄 수 있었다. 그러니 남편에게도 여유가 생겼고 부부 관계가 좋아지는 결과를 낳았다.

다섯 번째로 회사를 다니지만 늘 스트레스에 시달리던 분이 무인 창업에 대해 문의하셨다. 매달 근로소득을 얻고는 있지만 회사에서는 실적에 대한 압박을 주고, 스스로도 승진에 대한 압박을 심하게 받고 있었다. 이로 인해 건강이 악화되자 퇴사를 고민했지만, 이 또한 쉬운 결정은 아니었다. 그러니 소자본으로 창업할 수 있는 무인 창업에 대해 관심을 가지게 됐다. 무인 창업은 상주 인력이 필요하지 않아, 회사 일과 병행할 수 있었다. 무인 매장 운영은 잘 되었고, 이에 점차 가게를 확장해 나갔다. 놀라운 것은 매장 운영으로 마음의 안정감이 생기자 회사 일 또한 성과를 나타냈다는 점이다.

위의 사장님들은 모두 당시 상황에 어려움을 가지신 분들이었고, 무언가를 시작한다는 것에 대한 두려움도 있으셨다. 하지만 큰 자본이 없어도 도전할 수 있으며, 가용할 수 있는 모든 시간을 사업에 투자하지 않아도 된다는 무인 창업의 장점은 곧 사장님들의 용기가 되었다. 이러한 장점은 무인 창업이 지닌 단점을 상쇄하고도 남는다. 그러니 무인 창업은 누구나 작은 부담으로 도전할 수 있는 유일한 기적이다.

나는 왜 무인 창업을 선택했나?
(용대표의 스토리)

나는 책을 쓰면서 나의 이야기를 넣어야 할지 많이 고민했다. 무인 매장 창업에 대한 정보를 찾는 독자들에게 나의 이야기가 거부감이 들 수 있다고 생각했기 때문이다. 하지만 나의 과거와 경험이 그저 평범한 시작에서 용기를 찾고자 하는 이들에게는 소중한 영감이 될 수도 있다고 생각해 적어본다.

사람들은 때로 나에게 "운이 좋다" 혹은 "원래부터 사업가 집안이 아닌가?"라고 말한다.

하지만 나는 내가 이 자리까지 온 것이 운이 아니라, 지금까지의 여정에서 배움과 성장을 통해 얻은 결과물이라고 생각한다.

무인 매장 창업 이전, 나는 그저 평범한 아이 엄마였다. 자영업 경험도 사업가적인 능력도 없었다. 나는 여성 CEO로 성공적인 이야기를 전하는 것이 아니라, 그저 용기를 내고 변화를 시작한 이야기를 전하고 싶다. 독자 여러분이 작은 용기가 큰 변화를 가져다줄 수 있음을 깨닫게 되길 바라면서 7년 전 이야기를 해보려고 한다.

1막 결핍과 과잉

나는 29살에 엄마가 됐다. 15평 아파트 월세 집에서 첫딸을 출산했다. 새 가족이 생기자, 남편은 어깨가 더 무거워진 듯 웃는 날보다 힘들어하는 날이 더 많았다. 나는 아이를 키우며 더 간절히 부(富)를 원하게 됐다. 더운 날 에어컨이 없는 집에서 아이를 재우기가 여간 어려운 게 아니었다. 아기 띠로 둘러업고 백화점에 가서 아이를 재우는 것이 일상이 되었고, 그러다 보면 내가 사고 싶은 것도 아기에게 해주고 싶은 것도 늘어나는 나를 자제하느라 애먹었다. 사치하는 성격은 아니었지만 월세, 관리비, 기타 고정비용을 빼면 겨우 80만 원 남짓한 생활비로 백화점에서 누릴 수 있는 것이라곤 시원한 에어컨 바람과 수유실이 고작이었다. 매일 수유실과 아이쇼핑만으로 서성이는 내가 싫어졌다. 아니, 이 상황이 싫어졌고 아이만 키우는 내가 도저히 용납이 안 되었다.

'내가 일을 해야겠어.'
딸이 백일을 넘겨 5개월쯤 되었을 때 나는 결심했다.
일을 하기로!

아이를 키우면서 할 수 있는 일이 뭘까? 일단 음대를 졸업한 내가 할 수 있는 건 피아노 레슨이었다. 동네 맘카페를 상대로 두어 명 레슨을 해봤지만 아이를 데리고 레슨을 계속 하기는 어려웠다. 수업은 아이를 재워놓고 해야 하는데 피아노 소리 때문에 아이가 자다가도 깨는 바람에 제대로 가르칠 수가 없었다. 그래서 다른 일을 찾았지만 별 뾰족한 일이 없었다. 서서히 지치고 내가 생활비조차 못 버는 무능한 사람이라는 생각에 자괴감도 들었고 자존감은 바닥으로 추락했고 심지어 '아이만 없었다면…' 이라는 쓸데없는 생각에 빠지기도 했다.

'내가 왜 이렇게 일을 하려 할까?', '왜 돈을 벌려 할까?'
현실에 처절하게 직면했기 때문이다.
남편 월급만 바라보며 한 달을 기다리는 나도 불쌍하고, 야근까지 하면서 힘들게 번 돈을 본인은 한 푼도 못 쓰고 꼬박꼬박 가져다주는 남편도 불쌍하고, 다른 아기들처럼 근사한 유모차도 없는 우리 딸도 불쌍하고, 이렇게 더 열심히 산다고 결코 생활이 나아지지 않을 것이 뻔했기 때문이다.

돈을 더 벌든지 직장을 옮기든지 뭔가 수를 내지 않으면 우리의 삶이 여기서 절대 나아지지 않을 것이란 건 불 보듯 뻔한 일이었다. 고무줄 늘이듯 일하는 시간을 조금 더 늘린다고 하더라도, 빠듯한 생활비를 더 아껴 쓴다 하더라도 여기서는 답이 없었다. 한 사람이 벌어서 세 식구를 먹여 살리는 시대는 이제 끝났다.

불 보듯 뻔한 현실 앞에서 불같은 내 성격이 잠잠할 리 없었다. 레슨은 못 할지라도 나는 뭘 해서든 돈을 벌 수 있는 사람이었다. 중학교 때 볼펜을 완판했던 기억을 떠올리며 뭐라도 팔기로 했다. 마침 약간의 친분이 있는, 내가 주로 거래하던 중고 판매자가 나에게 분유를 팔아볼 생각이 없냐고 제안했다. 투자금액은 천만 원이었다. 당시 천만 원은 나에게는 상당한 금액이었는데 매출과 수익을 따져보니 할 만했다. 몇천 원 아끼려고 중고 거래만 찾는 삶이 아니라 몇천 원이라도 벌어서 조금은 나아지게 하려고 천만 원을 투자한다는 과감함은 어디서 나오는지 아무튼 나의 용기는 이럴 때 물불 가리지 않고 솟구쳤다.

아마도 나의 이러한 무모함은 결핍에서 나오는 것 같다.
대개 결핍인 사람들은 두 가지의 방향에서 결정한다.
하나는 결핍에 익숙한 대로 사는 방향,
다른 하나는 결핍에서 벗어나기 위한 방향.
나는 열등하고 결핍된 내가 너무 싫어서 벗어나는 쪽을 택하기로 한 것이다.

아인슈타인의 유명한 명언대로 '같은 행동, 같은 생각으로 다른 결과를 바라는 사람은 정신병자'이기에 나는 다른 선택으로 다른 삶을 살기로 한 것이다.

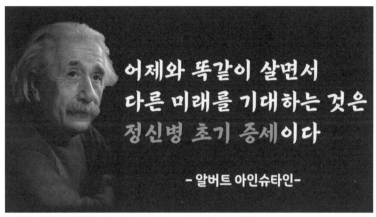

→ 아인슈타인의 명언(출처 : https://www.youtube.com/watch?v=3nodPnDQwDo)

이제부터 전쟁이었다. 남편에게 천만 원만 대출받아 달라고 하자 노발대발 펄쩍 뛰었다. 당시 남편과 나에게 천만 원은 머릿속에 그려지지도 않는 금액이었다. 아무리 이 분유 사업으로 지금보다 훨씬 나은 삶을 살 수 있다는 나의 확신을 설명해도 남편은 "왜 자꾸 돈을 벌려고 해? 지금 사는 게 뭐가 어때서? 그냥 이렇게 소소하게 행복하게 살면 되는 거잖아?"라며 정말 크게 말렸다. 그럴수록 나는 더 크게 반격했다. "소소한 행복이 언제까지 갈 것 같아? 한 번 사는 인생인데 왜 천만 원 가지고 쩔쩔매면서 살아야 하는지 모르겠어. 내가 천만 원 투자해서 2천만 원 벌어올게!" 나는 밑도 끝도 없이 계속 용감해졌다.

수입 구조가 어떤지 어떻게 매출을 올릴 건지 이것저것 어떻게 할 건지 꼬치꼬치 묻는 남편에게 난 뭐라 설명하지 못했다. 그저 내가 믿는 것은 '직관'이었다. 나같이 중고만 사려고 하는 엄마들이 너무나 많다. 이런 사람들을 대상으로 분유를 가져와서 저렴하게 판다면 분명히 팔릴 것이라 생각했다. 싸다고 하면 더 많이 사서 쟁여놓는 것이 가난한, 나같은 엄마들의 특징이다. 그저 직관에 따랐다. 가끔은 합리적이고 이성적인 판단이 방해될 때가 많다. 전략이니 계획이니 이런 모든 것이 제 아무리 내 판단에 저항한다 해도 직관을 따르는, 무모하다면 무모한 그런 확신이 들 때가 있다. 그때의 내가 그랬다.

사실 나도 두려웠지만 두려움보다 더 큰 것은 계속 가난하게 살아가는 내 모습이 그려지는 것이었다. 가난에 마침표를 찍고 싶었다. 미안한 마음 때문에 남편에게 에어컨 사달라는 말도 못 꺼냈던 나였다. 하지만 이왕 말을 꺼냈으니 끝장을 보고 돈을 벌어서 보란 듯이 나를 증명하고 싶었다.

천만 원 정도면 여차하면 아이를 어린이집에 맡기고 레슨을 해서라도 메꿀 수 있는 돈이었기에 나는 더 과감해지기로 했다. 하나에 꽂히면 그냥 밀어붙이고 마는 내 성격을 남편도 아는지라 퇴직금을 미리 당겨 받아 나에게 천만 원을 만들어 주었다.

나는 죽기 살기로 분유 사업을 했다. 하긴 사업은 아니었다. 그저 장사였다. 분유 장사. 정말 잘 팔렸다. 마트보다 몇천 원 싸게 사려는 나같은 엄마들은 너무나 많았다. 내가 파는 분유를 공동 구매하기 위해 한 사람이 차로 대량으로 사 가서 나눠주기도 했다. 몇만 원밖에 없던 내 통장이 몇십만 원으로, 또 몇백만 원으로 불어나기 시작했다. 세상에서 돈 버는 재미만 한 것이 또 있을까. 너무 재밌었다.

통장에 돈이 불어날수록 내 배짱은 더 커졌다. 급기야 남편에게 더 큰 평수로 이사하자고 했다. 15평 아파트에 분유를 쌓아놓기가 너무 좁았기 때문이다. "이사하려면 대출받아야 해. 대출이자는 또 어쩌고?" 또 반대부터 하는 남편에게 나는 또 집요하게 고집부리기 시작했다. "내가 알아서 할게. 지금 내가 돈 벌고 있잖아. 내가 책임질 테니까, 어떻게 해서든 벌 테니까 이사 가자." 역시 이번에도 남편은 나를 이기지 못했다. 엄마도 그렇게 여러 번 나에게 지고 말았던 것을 아는 남편인지라 이번에는 빨리 나에게 백기를 들었다.

남편 회사 근처로 이사 가서 출퇴근 시간을 아끼고 아이를 봐주는 시간을 늘리기로 했다. 나는 그 시간에 일을 좀 더 할 수 있었고 그렇게 돈을 벌어보기로 했다. 이번에도 나의 무모함은 일을 크게 벌였다. 대출을 받아 34평 아파트로 이사한 것이다. 물론 전세였지만 꿈만 같았다. 내 평생 제일 큰 집이었다. 34평, 너무 행복했다. 내가 일할 수 있는 공간도 충분했고 우리 세 식구 살기에도 넉넉했다.

넓어진 공간만큼 나는 분유에 기저귀까지 팔기 시작했다. 내가 팔지 않아도 고객들이 알아서 찾아오는 상황이 되자 매출이 증가했고 이제 돈 걱정에서 해방되는 약간의 쾌감도 느끼게 되었다. 적어도 내가 먹고 싶은 것, 아이에게 사주고 싶은 것, 비싼 전집까지 모두 해줄 수 있게 되었다. 남편 카드를 쓰지 않아도 되었고 잔고를 확인해가며 물건을 살 필요도 없었다. 남편 퇴직금으로 미리 당겨쓴 천만 원도 갚았고 나에게는 경차도 한 대 선물했다.

욕심이 너무 과했나 보다. 분명한 것은 돈을 좇으면 반드시 화를 입는다. 멈출 때 멈췄어야 한다. 하지만 나는 멈출 줄을 몰랐다. 34평 전세에 만족하지 못하고 나는 더 넓은 집, 게다가 내 집을 원했고 더 크게 사업을 벌이고 싶었다. **돈은 딱 나의 크기만큼 머무르는데 그 중요한 것을 간과한 것이다.** 여전히 우물 안 개구리처럼 지금처럼 계속 잘 나갈 줄 알았다. **돈에 매혹되면 이성은 마비된다.** 판단은 흐려지고 유혹에는 저항할 힘을 잃는다.

고객 중에 조선족이 많았는데 "중국에서 한국 분유가 인기래요"라는 이 한마디에 나는 단번에 중국으로 판로를 넓히기로 했다. 실제 한국 분유를 찾는 중국인은 많았고 분유는 날개 돋친 듯 팔리기 시작했다. 하지만 문제는 배송비였다. 배송비가 많이 드니 남는 돈이 별로 없었다. 나는 중국에 창고를 만들고 직배송하기로 했다. 여기까지는 괜찮았다. 분명히 그렇게 별 탈 없이 지나갔다면 나는 큰돈을 벌었을 것이다.

하지만 지나치면 반드시 화를 입는다. **결핍보다 무서운 것은 과잉이라는 말은 진리다.** 당시 나는 돈을 다룰 줄도 모르면서 돈을 좇고 있었다. 돈의 가치를 진실로 아끼고 사랑하는 것이 아니라 그저 돈을 벌어 소유하고 싶은 것들이 계속 많아지는 나를 주체할 수가 없었다.

상황은 엉뚱한 데서 터졌다. 분명 내 잘못은 아니지만 지금의 나는 안다. 내 그릇만큼 돈이 들어와야 하는데 내 그릇을 키우기는커녕 돈을 벌어 쓰고 싶고 하고 싶은 것에 가득 차 있는 나에게 세상이 경고한 것이다. 내 사업에 치명타를 일으킨 것은 다름아닌 사드 사태였다. 사드 사태로 인해 대기업도 철수하는 상황에 나는 꼼짝없이 중국에서 판매하는 분유를 폐기처분하든지 몇 달이 걸리더라도 한국에서 다시 판매하든지 결정해야 했다.

→ 당시 창고에 쌓인 분유 상자들

결국 한국에서 받은, 찌그러진 수백 통의 분유 캔을 보며 나는 내 정신이 찌그러지는 느낌에 머리와 가슴이 아팠다. 분유는 당연히 유통기한이 지나 팔지 못했고 수천만 원에 달하는 손해를 고스란히 떠안았다.

2막 도전 그리고 결단

사업에 실패하고 내 수중에 남은 돈은 딱 2천만 원. 이걸로 뭘 할 수 있을까? 일단 고민 전에 나는 결정부터 했다. 가만히 있지 않기로. 멈추지 않기로. 성공은 되돌아가지 않는 것. 씨를 뿌렸다고 모두 싹이 나지 않는다. 여러 개를 뿌리면 그중에 죽는 놈도, 나약한 놈도, 혼자 하늘을 뚫고 올라가는 놈도 여럿이다. 나는 여러 개의 씨를 뿌려보기로 했다. 이번엔 원점으로 돌아가서 나의 전공인 피아노 레슨부터 다시 시작하기로 했다.

시작은 미약하나 끝은 창대하다는 진리를 믿고 가 보기로 한 것이다. 무언가를 새롭게 시작하려는 데에 있어서 가장 우선은 과거로부터 등을 돌리는 것이다. 실패한 이유를 찾고 그것으로부터 내가 어떻게 해야 할지 고민하는 것은 내 스타일이 아니다. 다른 업종, 다른 나이, 다른 환경이면 다르게 시작해야 하기에 나는 다른 환경으로 나를 옮기기로 했다.

"나 이사 갈 거야! 돈을 벌려면 아이들이 많은 곳으로 가야지, 여기서는 안 될 것 같아"라고 남편에게 선언한 후 또 장담했다. "아파트 대출금은 내가 갚을게! 내가 알아서 한다고!" 지금까지 선언한 것을 그래도 다 지켜왔던 나였기에 남편이 이번에는 순순히 그러라고 했다. 내 고집을 막을 재간이 없었던 것인지 나를 믿는 것인지 애매모호한 상태였지만 '역시! 결과로 보여주면 신뢰는 쌓이는구나'로 나는 자신감을 가지기로 했다. 여하튼 나는 3시간 남짓 떨어진 경기도로 이사를 가기로 했고 당분간 우리는 주말부부로 지내기로 했다.

선언한다는 것은,

말을 내뱉는다는 것은

신뢰를 담보로 한다.

내뱉은 말을 지켜내면 나의 신뢰는 올라가고 지켜내지 못하면 나의 신뢰는 추락한다. 그래서인지 나는 뭔가 마음속에 결정이 되면 내뱉는다. 그리고 그 말을 지키기 위해 움직인다. 이번에도 역시 마찬가지였다. 2살, 4살 두 아이를 데리고 나만 이사 가기로 하고 남편은 회사 기숙사에 머물기로 했다. 이유는 간단했다. 내 꿈에 도전하기 위해서였다.

'음악학원이 이렇게 많은데 홈레슨이 살아남을 수 있을까?' 두려웠지만 두려움이 내 마음에 혼란을 주지는 않았다. '학벌도 별로인데 누가 여기 구석까지 찾아올까?' 이 역시 두려웠지만 이 두려움도 내 결정을 머뭇거리게 하지는 못했다. 왜냐면, 내 인생은 한 번밖에 없으니까! 나는 부자로 살기로 했으니까! 나는 '일단 시작하고 완벽해져라'라는 롭 무어(Rob Moore)*의 말처럼 일단 시작하기로 했다.

내 수중에 단돈 2천만 원. 1천만 원으로 집 안에 방음공사를 하고 피아노 5대를 놓고 홈레슨 교습소를 오픈했다. 당연히 학생들을 모으기는 쉽지 않았다. 우리 집이 아파트 구석에 있어 사람들이 그곳에 나 용선영이 있는 줄을 모르는 것이다. 하지만 가만히 있을 내가 아니었다. 사람들에게 알리기 위해 현수막, 전단지는 물론, 학교 앞에서 사탕을 나눠주기도 했다. 그런데 체력만 낭비됐을 뿐 별 소득은 없었다. 하긴 동네마다 음악학원이 널려 있으니 당연한 결과였다.

피아노학원의 대상은 아이들이지만 선택은 엄마의 몫이다. 지갑은 엄마가 연다. 그래서 나는 지역 맘카페에서 엄마들에게 우쿨렐레 무료 강좌를 한다고 홍보했다. 물론 당시 나는 우쿨렐레를 할 줄 몰랐다. 하지만 문제없었다. 배우면 되니까. 서둘러 자격증을 따고 우쿨렐레 동호회도 가입하고 카페 홍보를 더 본격적으로 하게 되었는데 당연히 무료라는 말에 엄마들은 관심을 보였고 이들을 대상으로 신뢰를 쌓고 또 쌓아가니 두 달 만에 점점 소개가 들어오고 6개월 만에 그 작고 구석진 아파트의 홈레슨 교습소에는 30명의 아이가 피아노를 배우러 오게 되었다. 무려 월 400만 원의 수입이 생긴 것이다.

---

* 롭 무어, 『결단』, 다산북스, 2019

무언가에 도전한다는 것은

먼저 포기부터 해야 하는 것이다.

결정은 누구나 한다. 결심도 누구나 한다. 뭘 해야지, 꼭 하고 말 거야. 결정과 결심은 아무나 한다. 하지만 작심삼일의 마법에 걸려 3일 만에 그 결정은 번복된다. '뭘 그렇게까지 해? 그런다고 되겠어? 굳이 안 해도 되잖아' 내 마음이 흔들린다. **결심한 후에는 반드시 결단(結斷)이 필요하다. 단(斷), 끊을 단이다. 무언가를 포기부터 해야 한다.**

나는 남편과 주말부부를 선택하고 2살, 4살 아이의 독박육아를 혼자 짊어졌다. 아파트 대출금도 내가 갚겠다고 선언했다. 남편의 월급에 손을 대지 않기로 했다. 정말 많은 편안함을 포기한 것이다. **포기한 그 자리에 간절함이 들어서는 순간 행동의 강력함은 이루 말할 수 없이 커진다.** 나는 결단했다.

당시 그러한 결단이 없었다면 나는 사업 실패의 아픔을 안은 '실패자'로 내 인생의 짐을 안고 평생 살아야 했을지 모른다. 나는 나에게 그런 역사를 남기고 싶지 않았다. 실패는 성공의 어머니라고 했으니 여러 번의 실패도 괜찮은 것이다. 내가 이사, 사업 도전, 주말부부, 독박육아 등을 선택할 때 주변은 모두 다 나를 말렸다. 시댁 친정 식구들은 당연하고 주변 엄마들까지 나에게 무모하다고 했다.

아니다.

**나는 무모했던 것이 아니라 도전했던 것이며
나의 꿈에 한 발 더 다가서려 시도했던 것이다.**

그리고 남들에겐 하찮아 보일지 모르지만 경기도의 작은 아파트에서 나의 꿈을 위한 시작에 작은 성공을 경험했다.

나의 홈레슨은 대박이 났다. 입소문을 타고 여기저기 심지어 다른 아파트에서도 나를 찾아왔다. 대기자가 있었고 수입은 월 400만 원을 넘어 여유롭게 지낼 수 있을 정도까지 올라갔다. 단 나에게 돈은 생겼지만 체력과 시간과 여유가 점점 없어져 역시 노동으로 돈을 버는 것에는 한계가 있음을 경험하고 **서서히 '자산'이 필요하다는 것을 온몸으로 느끼기 시작했던 것도** 이때부터였다.

자산이어야 했다. 노동으로 돈을 버는 것은 많은 것을 나에게 앗아갔다. 체력은 물론, 시간은 더욱 없어졌고 두 아이는 방치됐다. 내가 직접 몸을 움직여 시간당 돈을 버는 노동 수입의 한계를 너무 적나라하게 알게 된 나는 차근차근 자산으로 이동시키기 위한 단계를 밟아 나갔다.

나는 당장에 자산이 되지 않더라도 일단 할 수 있는 것부터 시작하기로 하고, 학원을 만들어 강사를 채용하면 내가 없어도 학원은 돌아가게 할 수 있다고 생각했다. 그래서 상가를 얻으러 발품을 팔

→ 당시 오픈한 홈스쿨

→ 셀프인테리어 음악학원

기로 했다. 주변의 만류는 또 시작되었지만 나는 아랑곳하지 않았다. 그 정도의 성공에 대한 자신감도 있었고 나의 동물적인 감각은 주변의 소리에 귀를 막을 수 있을 만큼 충분히 발달되어 있었다.

아무것도 안 하면 아무 일도 일어나지 않는다. 뭐라도 하면 무슨 일이라도 일어난다. '보증금 3,000/월 200.' 마음에 드는 상가를 발견했다. 하지만 학원으로 오픈하려면 보증금까지 6천만 원 이상이 필요했다. 6천만 원은 너무 거금이어서 사실 많이 흔들렸던 것도 사실이다. '해낼 수 있겠지?'라고 자신에게 여러 번 물었지만 그때마다 내 마음의 소리는 '할 수 있다'였다. 당장 대출을 알아보고 소상공인 저금리로 대출을 받았지만 보증금 3,000만 원은 조금 버거운 금액이었다. 당시 상가의 평수가 40평 정도였는데 30평만 내가 사용하고 10평 정도를 사용할 임자를 찾아 나서기로 했다. 아니, 내가 찾아 나섰다기보다 '간절하면 응답이 온다'라는 것을 체험했다고 표현하는 것이 더 맞을 듯하다.

당시 맘카페에서 육아 문제로 알고 지낸 언니가 있었는데 이 언니는 결혼 전에 유명한 수학 강사였지만 아이 낳고 경단녀로 남편의 생활비에 의존하며 늘 빠듯한 살림을 고민하고 있었던 전업주부였다. 나는 언니에게 제안했다. "언니가 10평 수학교습소를 하면 어떨까? 따로 10평짜리 상가를 구하는 것보다 경제적으로도 도움이 되고 또 인테리어도 효율적이고 학생들도 수학 배우고 피아노 치고 함께 할 수 있으니까 여러 면에서 우리 둘이 시너지가 날 것 같은데…" 언니는 예상대로 걱정이 앞섰다. "가르치는 데서 손 뗀 지 7년이 넘었어. 그리고 망하면 어떡해? 애들은 어떻게 모아? 내가 잘할 수 있을까?" 하나의 걱정은 또 다른 걱정을 불러오고 걱정하기 시작하니 끝도 한도 없이 걱정만 쌓였다.

가보지 않은 길은 알 수 없다.

경험하지 않고서 미리 걱정할 필요는 없다.

안 가본 길을 가는 데에 과거의 기억으로 먼저 한계를 설정할 필요는 없다. 안 되는 이유 말고 되는 방법을 찾는 것이 훨씬 효과적인데 대부분 사람은 먼저 걱정한다. 언니의 마인드를 바꾸는 데는 정말 오래 걸렸다. 매일매일 만나면서 방향을 얘기하고 현실을 짚어보고 우리가 잘만 해내면 어떤 수익으로 삶이 어떻게 달라질 수 있는지 긍정적인 얘기들을 서로 나눈 끝에 언니는 드디어 결심하고 함께 일을 만들어 보기로 했다.

이제 인테리어가 숙제로 남았는데, 뭐 인테리어야 몸으로 때우면 된다. 목수, 페인트, 전기, 소방같이 내가 손댈 수 없는 부분만 전문가의 손을 빌리고 나머지는 모두 직접 발로 뛰었다. 지금 생각하면 너무 힘들어서 다시는 안 하고 싶다. 모든 것이 돈이 없어서 생긴 일이다. 여유가 있다면 인테리어업자에게 모두 맡기고 나는 느긋하게 오픈을 준비할 수 있는 일인데 빠듯한 자금은 나의 시간과 정성 등 많은 것을 앗아갔다. 물론 직접 이런 준비를 하면서 배운 것도 많지만 계속 '자산'에 대한 간절함이 더 커져만 갔다.

하지만 혼자가 아니었고 언니랑 함께였기에 우리는 즐거웠다. 일을 도모한다는 것, 가정주부에서 벗어나 뭔가 내가 돈을 벌고 내가 직접 무언가를 창조해 낸다는 것은 겪어보지 않은 이는 모른다. 하루하루가 희망차고 하루하루가 변화와 성장의 시간이었다. 언니는 지금까지 나에게 말한다. "선영아, 고마워! 집에서 아이 키우고 청소나 하던 내가 이렇게 경제적으로 여유가 생긴 건 다 네 덕이야. 그때 네가 날 포기하지 않고 끝까지 설득해 줘서 너무너무 고마워!"라고.

나는 그때 알았다.
누군가와 함께 성공을 위해 달려보는 것,
서로 의지하고 서로 신뢰하며 서로가 부자가 될 수 있으리라 희망을 나누는 것.
이러한 행복감은 그 어떤 것으로도 대신할 수 없다는 것을 말이다.

3막 위기는 기회

중심 상가에서 당당하게 음악학원을 오픈한 나는 자신감이 하늘을 찔렀다. 물론 피아노학원은 어딜 가나 워낙 많지만, 나만큼 아이들을 잘 가르치는 사람은 없을 거라는 자신이 있었다. 일류대학을 나오고, 근사한 콩쿠르에서 상을 받은 피아노학원 원장들은 많았지만, 이들과의 경쟁에서 내가 자신 있었던 것은 좋은 학벌과 어린아이들을 잘 가르치는 것은 다른 능력이란 사실이다. 나는 일류대학을 나오지는 못했지만, 그 누구보다 잘 가르칠 수 있는 탁월함이 있고, 근성만큼은 누구도 따라오지 못한다고 자부하고 있었다.

물론 예상대로 시작은 미미했다. 대부분이 바이엘과 체르니를 배우는 아이들이라 집에서 가까운 피아노학원에 가면 그만이라는 엄마들에게 기초니까 더 제대로 배워야 한다는 기준으로 우리 학원만의 차별화를 찾아 홍보하기 시작했다. 이름하여 '주 3회 소수정예 담임제'를 시도했다. 그 지역에서는 처음이었다. 일주일에 3번을 와야 하고 3명당 담임이 1명씩 배치되었다. 인건비 문제가 살짝 걱정이긴 했지만 원래 '가치 있는 것은 고가'일 수밖에 없다. 더 질적으로 높은 수업을 받는 것에 대한 대가로 학원비를 지역에서 가장 높게 인상했다.

이상하게 가격이 높으면 소비자는 일단 더 신뢰한다. 싼 시장과 비싼 시장은 완전히 다른 시장이다. 싼 곳을 찾는 엄마들은 그쪽으로,

하나를 배우더라도 질 높은 교육을 원하는 엄마들은 우리 학원으로, 이렇게 나뉘기 시작했고 우리 학원은 점점 입소문이 나기 시작했다.

가장 비싼 곳.
흥정할 수 없는 곳.
그만큼 믿고 맡길 수 있는 곳.

우리 학원은 이러한 이미지로 그 지역에서 최고로 손꼽히는 피아노학원이 되어갔다. 홈레슨 교습소에서 이전시킨 30명으로 시작했던 내가 그 경쟁이 치열한 아파트 단지에서 60명을 거뜬히 넘겼고 그것도 가장 비싼 학원비를 책정했기에 경제적으로도 아주 여유가 있었고 내가 잘하는 분야였기에 일에 대한 자부심이 있었다. 또한 자산에 관심을 두기 시작했던 나는 강사들 교육에 힘을 쏟았기에 내가 자리를 비워도 학원 운영에는 지장이 없을 정도였다.

진짜 사업가는 시스템을 만드는 사람이다. 시스템 안에 노동이 순환하고 시스템 안에서 돈이 돌아가게 하는 사람이 사업가다. 나는 비록 동네 음악학원이지만 시스템을 학원에 안착시키면서 시간과 경제적으로 약간의 여유를 맛보게 되었고 이로써 점점 내가 사업가로 성장해 가는 쾌감도 느끼게 되었다.

드라마처럼 인생의 스토리는 항상 오르락내리락한다. 역시 이번에도 잘 나가던 나를 세상이 가만히 두지 않았다. 지난 사업에선 사드 사태였는데 이번엔 코로나19가 나에게 타격을 입혔다. 한번 당하지 두 번 당할까. 지난 사업에서 경험하지 않았던가. 나의 능력이나 환경과는 무관하게 내가 통제하지 못하는 어떤 영역에서 나의 일이 지장을 받는다는 사실을…. 그래서 자산이 있어야 어떤 환경에서도 버틸 수 있고 또 도모할 수도 있다는 것을….

나의 학원은 점점 시스템으로 돌아가고 있었고, 고객의 신뢰도 커졌고, 경제적으로도 약간의 여유를 갖게 되었던지라 제아무리 코로나라고 해도 내 감정이 지난번과 같이 널뛰지는 않았다.

오히려 나는 침착했다. 주변 학원이 모두 문을 닫았고 뉴스마다 자영업자들의 한탄과 눈물이 등장했지만 나는 이럴 때가 오히려 내게 기회가 될 것이라는 밑도 끝도 없는 자신감으로 방법을 강구하기 시작했다. 정부에서 강제 집합금지 명령이 떨어졌을 때 나 역시 피해 갈 수 없이 월세와 관리비, 인건비를 그대로 토해내면서 버텨야 했다. 하지만 이 정도는 문제없이 지나갈 수 있을 정도까지 올려놨던 터라 당시 내가 해야 할 일은 '위기를 기회로' 만드는 방법을 무조건 찾아내는 것뿐이었다.

위기의 느낌은 어떤 순간에만 일어나는 것이 아니고 사회에서 정해놓은 삶의 길을 벗어나 자기 삶의 길을 선택할 때 계속해서 우리를 따라다닌다.* 어떤 일을 하든, 어떤 시대를 살든 위기는 존재한다.

세상에서 누군가가 겪은 일이라면
나도 겪을 수 있다.

어떤 시대이건 위기 없는 시대는 없었고 어떤 누구의 인생이든 위기를 겪지 않은 사람은 없고 어떤 사업이든 위기 없이 순탄할 수는 없다. 나는 그저 '내가 겪어내야 할 위기 상황이 지금이구나'라고 단순하게, 그리고 담담하게 받아들이기로 했다.

나는 나에게 놀랐다. 직관에 따라 빠르게 움직이는 것만큼은 누구보다 자신 있었던 나이지만 배움도 짧고 행동도 다소 경솔한 면이 없지 않은 내가 이 위기에 이렇게 침착할 수 있다는 것은 기적과 가까운 일이었다. 나는 위기에 강하다는 것을 알았고 위기가 오면 오히려 도전하고자 하는 의욕이 넘쳐흘렀다.

어려서부터의 가난, 20대의 돈과의 전쟁, 그리고 지금까지 부자가 되기 위해 치른 수많은 실수와 실패들은 나에게 성공자의 태도와 자세, 마인드를 선물했다. 역시 경험만 한 지식은 없다.

---

* 김우창, 『깊은 마음의 생태학』, 김영사, 2014

일단 하나하나 따져보기로 했다.

나만 괴로운 게 아니라 피아노를 배우던 아이들도 배울 수 없어 괴로울 것이다.

아이들과 종일 집안에서 씨름하는 엄마들도 괴로울 것이다.

이들이 돈이 없어서 학원을 못 보내는 것이 아니라 지금 시기가 공간적으로 모일 수 없는 것일 뿐이다.

그렇다면, 내가 그쪽으로 가면 되지 않을까?

집합 금지이지만 가정방문이 금지된 것은 아니니까.

답은 아주 간단했고 엄마들과 한 분 한 분 통화를 하니 놀랍게도 다들 고마워하셨다. 답은 방문레슨이었다. 엄마들 입장에서 너무나 반가운 소식이었다고 한다. 선생님이 집까지 와서 수업을 해준다니. 그것도 같은 학원비로 말이다. 당연히 나는 다른 피아노학원의 학생들까지 문의를 해대는 통에 더 바빠지게 되었고 함께 일하는 강사들의 수입도 더 챙겨줄 수 있게 되었다.

위기는 절대 위기가 아니다.
나에게 위기는 기회의 또 다른 이름일 뿐이다.

앉아서 환경에 지배당하며 불평불만을 늘어놓을지, 내가 어쩔 수 없는 환경에서 빠져나와 나만의 방법을 강구할지.

그저 선택하면 간단한 일이었다. 코로나로 생업을 포기하는 자영업자들이 너무나 많았다. 나 역시 같은 상황이었다. 물론 그들의 집념이나 태도를 폄하하려는 의도는 없지만 반드시 어떤 상황에서 누군가는 살아남고 누군가는 포기한다는 것은 현실에서 늘 만나는 사실이다.

다행히 나는 포기보다 기회 쪽으로 시선을 돌렸다.

진리는 그냥 만들어진 말이 아니다. 긴 세월, 수많은 성현을 통해 하나로 귀결된 말이 진리일 것이다. '위기는 기회'라는 진리도 아마 누군가 수많은 경험자의 사례들을 모아 이러한 명언을 탄생시키지 않았을까. 성공한 모두는 포기보다 기회를 선택했고 나 역시 그렇게 했을 뿐이다.

기회 쪽을 바라보니 보이기 시작했다. 따져보니 방법이 나오기 시작했다.

내게는 불평불만, 하소연, 한탄보다 방법을 찾는 것이 더 시급했고 더 간절했다. 절대 포기하지 않을 정신이 나에게 있었다. 결코 절대 포기하지 않는다. 뱉어놓은 말이 있고 저지른 일이 있다. 나는 이에 대해 책임져야 하며 가족에게는 무엇보다 신뢰를 무너뜨리고 싶지 않았기 때문에 결코 포기란 있을 수 없는 일이었을 뿐이다. 내 인생 사전에는 이미 포기는 배추 셀 때나 사용하는 말로 기록되어 있다.

→ 우리 학원생들이 받은 트로피들

　여기서 끝이 아니다. 나는 코로나 시기에 개인레슨으로 실력이 향상된 아이들을 데리고 콩쿠르를 나가기로 했다. 시기가 시기인지라 콩쿠르 경쟁도 평소 100대 1에서 30대 1로 많이 감소한 것도 있고 우리 학원 아이들의 실력은 상당히 성장했다. 이 두 가지로 틈새를 이용해 콩쿠르에서 아이들 실력, 나아가 나의 결과를 검증하기로 한 것이다.

　초등학교 2, 3학년 대상 콩쿠르는 특히 치열하지만 도전해 보기로 했다. 결과는 아주 대박이었다. 우리 학원 아이들이 대상뿐만 아니라 최우수상, 우수상까지 휩쓴 것이다. 이런 성과로 인해 타 학원 학부모들은 우리 학원을 부러워하게 되었고 코로나 시기인데 대회에 나간다는 비난은 우리 학원에 다니지 않은 후회로 바뀌었다. 그리고 온 동네 피아노 치는 아이들의 문의가 우리 학원으로 쏟아지는 결

나는 무인 매장으로 퇴사합니다

과를 만들어 냈다. 학원생 수는 포화 직전인 100명을 넘어섰으며 주변 학원이 문을 닫는 위기에서도 우리 학원은 대기표를 뽑아야 할 정도의 인기학원이 된 것이다.

동네에서 최고의 음악학원으로 알려진 우리 학원 옆에 있는 미술학원이 경영악화로 문을 닫게 되었고 원장은 연락이 두절된 상태였다. 뿔난 학부모들의 분노와 실망은 이루 말할 수 없었고 무엇보다 아이들의 그림, 즉 작품을 하나도 가져가지 못해 너무 슬퍼하기까지 했다. 이 소식을 전해들은 나는 또 한 번 도약하기로 했다.

'내가 인수할까?' 미술에 문외한이었지만 내가 그림을 가르치는 것이 아닌데 내 미술 실력이 무슨 상관일까 싶어서 피아노 전문학원에서 아예 '예술전문학원'으로 장르를 넓혀보기로 했다. 최고의 미술학원 프랜차이즈를 도입하고 기존에 다니던 고객들의 재등록을 유도하고 강사를 새로 채용하고 성악과 현악도 추가했다. 처음 학원을 차릴 때 발품 팔며 고생했던 경험으로 인해 확장하는 것에는 큰 두려움도 없었다. 역시 새로운 도전에는 용기와 결단력이면 충분하다. 개인의 비전이 크다면 무엇이든 해내지 못할 것이 없다.

종합적으로 다루는 예술전문학원이 들어서자 더 많은 아이가 등록하게 되었고 250명이 넘는 대형학원으로서의 위세까지 갖게 되었다. 당연히 공간이 협소해졌고 급기야 나는 상가를 하나 매입하여 공간을 확장하게 되었다. 그 지역에서 우리 학원을 모르는 학부모가 없을 정도로 피아노 레슨은 대기상태가 되고 나머지 프로그램 역시 전문강사들이 포진하고 있었기에 문제없이 돌아갔다.

집에서 홈레슨 교습소를 시작으로 250명이 넘는, 내 소유의 건물을 가진 대형종합예술학원을 설립하기까지 2년밖에 걸리지 않았다. 나에게 너무 운이 따라주는 것은 아닌가? 혹시 이러다가 또 실패하면 어쩌지 싶은 걱정이 없는 것도 아니었지만 남들이 코로나로 인해 걱정에 빠져 있을 때 나는 오히려 돌파구를 찾고 새로운 투자를 하고 더 고객과 밀착해서 다리품을 팔았다. 이 결과는 정말 노력에 대한 보상이었다고 나는 자부한다.

보이지 않는 기회를 간절함으로 붙잡았고
옳다고 판단되었을 때 빠르게 결단했다.

아직 부자라고 하기에 나는 많이 부족하지만 가난에서 벗어난 것만은 분명했다. 400만 원의 대출금을 갚지 못했던 나였고, 15평 월세에서 시작된 신혼이었고, 그 작은 집에서 분유 몇 통을 중고판매하며 용돈벌이했던 아줌마였고, 통 크게 중국에 분유와 기저귀를 판매할 회사를 세웠지만 보기 좋게 실패했고, 2살, 4살 두 딸을 데리고 과감하게 주말부부를 선택하며 2,000만 원으로 홈레슨을 시작하였고, 그렇게 2년 만에 건물을 소유하며 250명이 넘는 원생을 확보한 동네에서 가장 인기 있는 유명 종합예술학원의 원장이 되었다.

경제적으로 부자까지는 아니지만 절대 가난하지 않았다. 심적으로도 나는 이제 뭐든 해낼 수 있겠다 싶은 용기가 넘쳤고 사회적으로도 그저 돈 없는 두 딸의 엄마가 아니라 당당하게 사업을 한다고 말할 수 있는 위치까지 나를 끌어올렸다.

4막 포기 없는 집중은 없다

학원으로 승승장구하는 나는 실제 시간적으로도 여유가 생겼다. 강사들이 학원에서 많은 강의를 도맡아 해줬기에 그동안 일하느라 소원하게 대했던 딸들이 학교에서 하교할 때 우리만의 시간을 즐기곤 했다. 아이들, 특히 여자아이들은 참새가 방앗간을 못 지나가는 것과 같이 문구점을 그냥 지나치지 못했다. 꼭 들러서 예쁜 액세서리라나 메모지, 볼펜이라도 사야 한다. 여자아이들이 삼삼오오 모여 있는 곳은 학교 앞 문구점이다.

나의 두 딸도 마찬가지다. 학교 앞에서 나를 만나면 어김없이 내 손을 잡고 문구점부터 가자고 졸랐다. 큰돈이 드는 것도 긴 시간이 걸리는 것도 아니니 아무 생각 없이 매일 문구점에 들르고 했는데 어느 날은 퍼뜩 정신이 드는 것이었다. 하루에 5천 원씩 쏠쏠하게 문구점에서 별 필요도 없는 것들을 사고 있는 우리였다. 일주일이면 아무리 적게 써도 5만 원 정도는 쓰는 것 같았다.

　나같은 엄마들이 얼마나 많을까? 이 학교에 여학생만 수백 명, 도대체 문구점은 얼마나 돈을 잘 벌까?

　장사는 실제 하는 것과 보는 것이 다르다고는 하지만 당시 내 머릿속에는 '내가 해볼까?'하는 생각뿐이었다. 그리고 더 중요한 것은 '무.인.문.구.점'이었던 것이다. 인건비 걱정이 없고 내가 그곳에 머무르며 시간을 뺏기지 않아도 된다.

　성격 급한 나는 당장 프랜차이즈 문의를 했다. 하지만 가맹비와 기타 투자금액이 내 예상보다 다소 높았다. 그렇다고 포기할 내가 아니다. **그냥 내가 브랜드를 내지 뭐.** 아주 간단했다. 이 산이 아니면 저 산이면 된다. 꼭 이 산을 오를 필요는 없었다. 어차피 문구는 다 같을 테니까. 음식처럼 이 집 저 집 맛이 다르고 주인장 마음이 다른 게 아니니까. 그저 구성이 다양하고 아이들이 쉽게 드나들 수 있는 곳이면 되니까.

　그래서 운영 중인 학원 옆에 8평 상가를 얻고 진열대로 간단하게 인테리어를 한 뒤 동대문에서 물건을 가져와 나만의 '무인 문구점'을 차려 버렸다.

　21년 추운 겨울, 그렇게 나의 또 다른 사업이 시작되었다.

이름하여,

문.구.방.구.

현재, 문구방구는 1년 만에 100호점까지 오픈되었다.

(챕터5에서 1년 만에 100호점을 창업한 노하우를 이야기할 것이다.)

무슨 일이든 이렇게 몇 자로 정리하면 쉬워 보이지만 **쉬운 성공이란 없다.** 추운 겨울 왜 문구점을 한다고 또 일을 저질러서… 동대문에서 물건을 가져다 상품 진열에는 전혀 문외한인 내가 문구를 여기 이렇게 저기 저렇게 진열하며 며칠 밤을 꼬박 새우기도 여러 번. 그래도 나는 직진만 하니까.

대형마트의 문구 진열은 어떻게 되어 있는지 A, M사와 같이 대형문구점의 진열은 또 어떤지 수시로 가서 사진 찍어 그대로 해보기도 했지만 8평 작은 상가에 다양하게 구색을 갖춰 진열하는 것은 상당한 노하우를 요하는 작업이었다. 괜히 저질렀다는 약간의 후회가 들 때 주변에서도 나를 말리기 시작했다. "학원 잘 되는데 왜 또 일을 벌이냐? 요즘 문구점 다 망한다"라는 말이 계속 날 괴롭혔지만 일단 직진만 고집하는 날 꺾지는 못했다.

나는 믿고 있었다.
성공은 늘 나의 근처에 있다는 사실을.

→ 당시 오픈한 문구방구 1호점

평일은 학원, 주말은 문구 거래처 찾아다니기를 반복하기 몇 달 후 나는 결심해야 했다. 아니, 결단(決斷)해야 했다.

뭔가를 시작할 때 누구나 결정은 한다. '이렇게 해야지!'라고는 한다. 그리고 결심도 한다. 다부지게 마음도 먹고 으샤으샤 용기도 낸다. 하지만 작심삼일은 그 어떤 경우에도 예외 없이 결심을 무너뜨린다. 여기서 중요한 것이 결단이다.

결단은 단(斷, 끊을 단)을 하는 것이다. 무언가를 끊어내야 한다. 결정한 그것을 하기 위해, 그것에 애를 쓰고 시간을 투자하기 위해 무언가를 내 일상에서 없애야 하는 것이다. 즉 포기해야 하는 것이다. 포기한 그 공간에 새롭게 시작할 그것을 위한 투자를 집어넣어야 한다.

나는 결단했다. 학원을 포기하고 무인 매장을 창업하기로!

나는 무인 매장으로 퇴사합니다

다리품을 팔고 오픈한 문구방구가 남들 눈에 좋게 보였는지 애초에 나만 소소하게 하려 했는데 주변에서 자기도 하고 싶다고, 하는 방법을 알려달라는 요청이 들어와 계획에도 없던 창업을 돕게 되었다. 그렇게 두 분의 창업을 도왔고 그러다 보니 창업 문의가 계속해서 들어왔다. 그래서 결단은 훨씬 쉬웠다. 게다가 처음에 2천만 원으로 시작했던 학원은 워낙 시스템이 잘 갖춰져 있어서인지 무려 8배인 1억 6천만 원에 매매되었고 이러한 기세대로 나는 무인 창업에 올인할 수 있었다.

에너지와 시간과 정성이 한 곳으로 투자되니 당연히 그만큼 성과도 높았다. 수입도 수입이지만 시간적인 여유도 더 많아졌고 내 적성에 맞게 여기저기 돌아다니면서 창업을 돕는 일과도 아주 재미났다. 이러한 시너지가 1년 만에 100호점의 기적을 만들어 냈다.

나 혼자서 해낸 일이었다. 광고비를 많이 쓴 것도 아니었고 직원이 있었던 것도 아니었다. 심지어 문구에 대해서는 전혀 문외한이었던 내가 해냈다면 누구나 해낼 수 있는 것 아닐까?

중요한 것은 능력이 아니라 결단이었다.

내 의지와 열정이었고 '내가 필요한 것은 남도 필요하다'라는 인식이 투자로 연결된 결과였다. 그리고 또 하나, 나는 3호점까지 오픈했을 때 마음을 굳게 먹었다. '이왕 학원까지 접고 시작한 것이니 1

년 만에 100호점까지 가보자!'라고 말이다. 어디서 그런 확신이 생겼는지는 모르겠지만 나는 천성이 이미 시작한 일에 대해서만큼은 '될까? 안 될까? 안 되면 어쩌지?' 같은 생각은 안 한다.

내가 자만심에 가득 찬 것이 아니라 자신감이 넘치는 것이며, 내가 쓸데없는 공상에 빠진 것이 아니라 현실감이 탁월한 것이며, 내가 무모하게 덤비는 것이 아니라 철저하게 다리품을 판 노력의 결과였다.

같은 일을 해도 누구는 되고 누구는 안 된다. 이 차이는 환경 탓이 아니다. 마인드의 차이다. 된다고 믿고 하는 사람과 안 되면 어쩌지 걱정하는 사람의 차이다. 나는 나 자신을 믿고 나의 가치를 인정받으려 정성을 들인다. 나의 정성이 통할 것을 믿고 모두가 다 믿고 있는 진리인 '노력은 배신하지 않는다'라는 말에 의지하며 땀 흘린 결과다.

하나를 성공시켰더니 나에게는 거대한 자신감이 생겼다. 이제는 못 할 게 없었고 두렵지도 않았다. 나는 무인 키즈카페를 또 새롭게 런칭했으며 1년 만에 70호점을 돌파했다. 그 사이 수백 명의 예비 창업자와 상담했고 현재 점주들과 많은 이야기를 나누는데 나는 그럴 때마다 항상 느끼는 것이 있다.

나는 무인 매장으로 퇴사합니다

성공은 마인드에 달려 있다는 사실이다.

목이 좋고 나쁘고 상가가 넓고 좁고 주변 환경이 어떻고보다 훨씬 중요한 것이 마인드이다. 사장의 마인드. 어떤 이는 매출이 높아도 더 목말라하는 이가 있고 어떤 이는 매출이 낮아도 행복해 한다. 매출이 높다고 다 행복한 것도, 매출이 낮다고 불행한 것도, 매출이 높다고 안심하는 것도, 매출이 낮다고 불안해 하는 것도 아니다. 그저 마인드의 차이였다.

자신의 소중한 재산이 투자된 곳을 아끼고 귀하게 여기는 이는 가게에 정성을 다한다. 정성은 물론, 어떻게든 더 배우려 하고 시간을 투자하려 한다. 하지만 어느 정도 만족하는 이들은 무인이니까 알아서 돌아갈 거라고 하며 나 몰라라 하는 경우도 있다. **마인드에 따라 자세가 나오고, 자세에 따라 매출은 거짓 없이 드러난다.**

지금 이렇게 말하는 데에는 2년. 짧다면 짧은 기간이지만 이 짧은 기간에 무려 200개가 넘는 가맹을 한 나에게 '무인 창업의 성공비결'을 묻는다면 서슴없이 말할 수 있다.

성공하겠다는 마인드.
부자가 될 거라는 마인드.
나는 할 수 있다는 마인드.
마인드가 정답이다.

내가 이뤄낸 결과는 순전히 운이라기 보다는 그간의 도전과 노력, 실패에도 좌절하지 않고 다시 일어나려는 시도에 있었다. 이러한 노하우를 수백 명의 예비 창업자들과 나누며, 또 이제는 사장님이 된 이들과 나누며 공통으로 공감하는 것은 '긍정적인 태도'와 '목표를 달성하려는 노력'이다. 어쩌면 당연하다고 느낄 이 말을 구체화할 방안! 제 노하우를 다음 챕터에서 나누어 드리고자 한다.

Chapter 2

나만의
점포 만들기 전
알아둬야 할
필수상식

맞춤형 점포가 대세
무인 창업 종류

무인 판매점

무인 문구점/무인 아이스크림 할인점/무인 반려용품점/무인 밀키트 판매점/무인 라면 편의점/무인 카페/무인 액세서리샵/무인 의류 매장/무인 과일가게

공간 임대업

무인 키즈카페/무인 스터디카페/무인 공유창고/무인 스튜디오카페/무인 워터룸/무인 파티룸

무인 서비스업

무인 셀프 빨래방/무인 애견목욕 매장/무인 세차장/무인 코인노

래방/무인 프린트 매장/무인 사진관

무인 스포츠업

무인 당구장/무인 탁구장/무인 골프장/무인 테니스장

2023년 3월 소방청의 발표에 따르면, 전국에는 약 6,323개의 무인 점포가 운영되고 있다고 한다. 더 이상 무인 점포는 우리에게 낯선 것이 아니다. 아이스크림 판매점, 세탁소, 스터디카페, 사진관까지 전부 무인으로 운영된다. 코로나가 창궐하던 시기의 일시적인 특징처럼 보이기도 했지만, 무인 매장들은 사라지지 않고 계속 운영을 이어 나가고 있다. 이렇듯 무인 매장이 운영된다는 사실은 무인 매

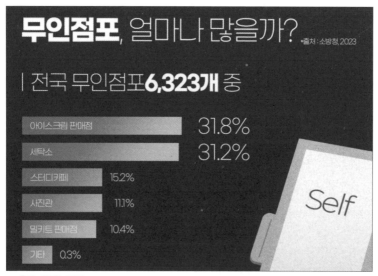

→ 출처: 소방청, 2023

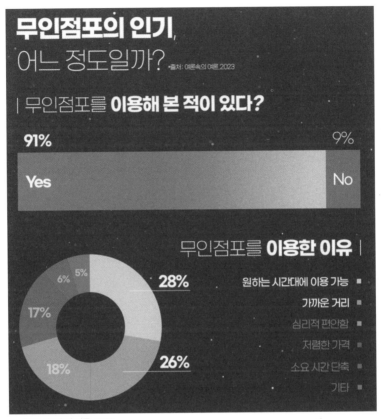

무인점포의 인기, 어느 정도일까? •출처: 여론속의 여론, 2023

| 무인점포를 **이용해 본 적이 있다?**

91%   9%

Yes   No

무인점포를 **이용한 이유** |

28%
26%
18%
17%
6% 5%

원하는 시간대에 이용 가능 ■
가까운 거리 ■
심리적 편안함 ■
저렴한 가격 ■
소요 시간 단축 ■
기타 ■

→ 출처: 여론속의 여론, 2023

장을 이용하는 사람들이 꾸준히 있다는 사실을 말해주는 것이기도 하다. KB 국민카드가 2019년부터 2022년까지 최근 4년간 신용카드와 체크카드를 이용한 회원들의 결제 데이터를 종합하여 발표하였는데, 무인 사진관의 매출액이 2021년에 비해 이듬해 271%나 폭증했다. 코인노래방의 매출도 115%의 증가율을 보인다. 한국리서치의 2023년 발표에 의하면 사람들이 무인 아이스크림 매장과 무인 편의

점, 무인 셀프 빨래방과 무인 노래방을 애용하는 것으로 나타나는
데, 우리의 일상을 '무인'과 함께하고 있다고 과언이 아니다.

무인 매장에 대한 소비자의 인식은 매우 좋다. 2022년 엑시스커
뮤니케이션즈에서 시행한 무인 매장 선호도 조사에 따르면, 응답자
중 91%가 무인 매장을 이용한 경험이 있다고 응답했다.[*] 또한 응답
자의 거의 절반인 46%가 무인 매장을 선호하며, 앞으로도 이용할
가능성이 있다고 답했다. 놀라운 것은 디지털 이용에 취약하다고 여
겨지는 고연령층에서도 앞으로 무인 매장을 이용하겠다는 의향이
높게 나타났다는 것이다. 왜 그럴까? 왜 직원이 없는 매장에서 서비
스를 누리는 것을 선호할까?

엠브레인 트렌드모니터가 만 19세에서 59세까지 성인 남녀를 대
상으로 조사한 '무인 점포 관련 U&A' 조사에 따르면,[**] 76%의 사람
들이 무인 매장의 인기는 계속 지속될 것이라는 의견을 밝혔다. 이
는 곧 무인 매장에 대한 시장성 및 사람들의 호응도를 나타내는 것
이기도 하다. 매장에 사람이 없으면 불편할 것 같지만, 실제 경험해
보니 그렇지 않았다는 것이다.

---

[*] 출처: https://www.gttkorea.com/news/articleView.html?idxno=2897. (KOREA 기사)

[**] 출처: http://www.sobilife.com/news/articleView.html?idxno=33635. (소비라이프 기사)

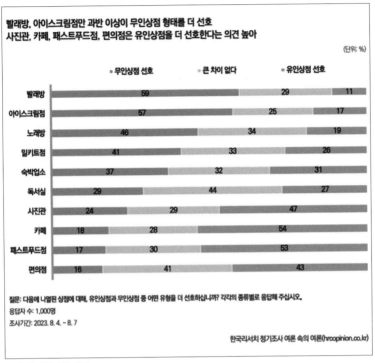

무인 매장이 인기가 이렇게 많은 만큼 점점 업종도 다양해지고 있다. 무인 매장은 최초로 자판기에서부터 시작되어 판매업, 공간 임대업부터 시작해서 대형프랜차이즈 편의점은 물론이며 심지어 베스킨라빈스, 롯데리아까지 무인으로 운영되고 있다.

나는 나의 두 딸이 항상 이용하는 문구점을 방문하며 무인 창업의 소스를 얻었다. 지금도 곳곳에 운영되고 있는 무인 매장들이 많은데, 이 중에서 어떤 종류의 무인 매장을 창업할 것인지에 대한 결정이 필요하다. '나만의' 매장을 만들기 위한 상식의 영역이나, 이는 이후에도 무인 매장을 쭉 이용하기 위해 필수적으로 알아둬야 하는 중요한 정보이다.

내가 사는 지역이 어디인가, 이 상권에서는 무엇을 팔아야 수익이 날 것인가에 대한 분석도 필요하다. 이를 위해서는 무인 창업의 종류에 대해서 먼저 알고, 그 특징을 분석하려는 시도부터 해야 한다. 이 챕터는 이를 위해 마련된 장이다.

1) 무인 판매점

무인 문구점

문구점도 무인으로 운영할 수 있다. 내가 운영하는 문구방구도 무인 문구점이다. 문구, 즉 작은 비품들을 중심으로 판매하는 매장이다. 무인 문구점은 어린이와 어른들을 위한 잡화점이다. 문구는 아이들이 좋아하지만, 어른들도 남녀노소 가리지 않고 문구를 사용한다.

무인 문구점의 장점이라고 한다면 손실 리스크가 적다. 만약 사업이 어려워져 폐업한다 해도 상품을 반품하거나 할인판매할 수 있기 때문이다. 현금 수익도 다른 업종에 비해 일찍 발생한다. 투자금을 회수하기에도 좋다. 단점이라면 도난 위험이 타 업종에 비해 높다는

단 11가지 질문으로 파악하는 각 무인 매장
무인 문구점

1	무인 문구점이란?	문구용품, 사무용품, 완구, 액세서리를 키오스크의 터치스크린을 통해 고객이 직접 결제하는 매장을 말합니다.
2	주요 고객층은 누구인가요?	1위 유아, 초등 〉 2위 학생의 부모 〉 3위 중고등학생
3	어떤 위치에 있어야 하나요?	1위 학교, 주거단지(초품아) 〉 2위 상업지구 〉 3위 주거지역(아파트) 초등학교, 주거단지와 가까울수록 유리하며, 접근성이 중요하여 1층이 좋습니다.
4	매장의 크기는 어느 정도가 적당할까요?	최소 10평~최대 20평 이내가 관리하기에 용이합니다.
5	무인시스템이라도 꼭 해야 하는 업무는 무엇일까요?	매장 청소, 상품 재고 관리, 상품 진열을 해야 합니다.
6	하루 몇 시간을 투자해야 하나요?	하루 최소 60분은 투자 해야 하며, 운영난이도는 높지 않습니다.
7	장점이 무엇일까요?	24시간 운영 가능합니다. 손실 리스크가 적습니다. 현금 수익이 일찍 발생합니다.
8	리스크는 무엇이 있을까요?	키오스크의 오류, 상품 절도가 있습니다.
9	초기비용은 얼마나 필요할까요?(보증금, 권리금 제외)	평수에 따라 최소 2천만 원~최대 5천만 원 발생합니다. 매장 10평 기준, 3천만 원이면 가능합니다.(간판, 인테리어, 키오스크, CCTV, 상품 진열대, 상품)
10	사업 수익성은 어느 정도일까요?	매출은 300만 원~1,500만 원 발생합니다. 고정 지출은 월세, 관리비, 수익성 40~45%입니다.
11	트렌드 민감도는 얼마나 될까요?	온라인 시장이 발전하고 있으나, 향후 5년까지는 괜찮다고 봅니다.

점이다. 무인 문구점의 창업 비용은 업체별, 점포 크기별로 다를 수 있다. 10평 기준으로 봤을 때 평균 3,000만 원대이다.

무인 아이스크림 할인점

동네를 돌아다니다 보면 가장 많이 만나게 되는 무인 매장이 바로 무인 아이스크림 할인점이다. 그 이유는 무인 창업 중에서도 창업비용으로 가장 적은 자본이 필요하기 때문일 것이다.

이 매장의 특징이라면 마진율이 20%나 된다는 점이다. 판매하는 상품 중 60~70%가 아이스크림이기 때문에 여름에는 매출이 매우 좋다. 이에 더해 과자, 안주, 아이 장난감을 매장에 구비하여 함께 판매할 수 있다. 겨울에는 핫팩을 두고 판매해도 된다.

무인 창업 중 창업비가 가장 저렴하다는 점이 가장 큰 장점이다. 초기 투자금이 적으니 쉽게 도전할 수 있다. 인테리어 비용도 거의 들지 않으며, 냉동고도 유통업체에서 무상으로 대여해 준다. 제품에 바코드만 있으면 무엇이든 판매 가능하다. 그리고 다른 매장에 비해 소자본으로, 판매 제품도 유통업체로부터 대여하는 시스템으로 이뤄지다 보니 안정적인 편이다.

하지만 단점도 있다. 가장 큰 단점으로 꼽히는 것은 도난 위험이다. 무인 매장 중 도난률이 가장 높다. 그러니 매장을 운영하려면

나는 무인 매장으로 퇴사합니다

단 11가지 질문으로 파악하는 각 무인 매장
무인 아이스크림 할인점

1	무인 아이스크림 할인점이란?	다양한 아이스크림, 과자를 키오스크의 터치스크린을 통해 고객이 직접 결제하는 매장을 말합니다.
2	주요 고객층은 누구인가요?	1위 학생 〉 2위 학생의 부모 〉 3위 청소년 〉 4위 직장인
3	어떤 위치에 있어야 하나요?	1위 주거지역 〉 2위 상업지구 〉 3위 학원가 초등학교와 가까울수록 유리하며, 접근성이 중요하여 1층이 좋습니다.
4	매장의 크기는 어느 정도가 적당할까요?	최소 8평~최대 20평 이내가 관리하기에 용이합니다. 아이스크림통 사이즈로 상가 가로폭이 3,500m 이상이 이상적입니다.
5	무인시스템이라도 꼭 해야 하는 업무는 무엇일까요?	매장 청소, 상품 재고 관리, 상품 진열을 해야 합니다.
6	하루 몇 시간을 투자해야 하나요?	하루 최소 50분은 투자 해야 하며, 운영난이도는 높지 않습니다. 업체에서 대여진열이 가능해 무인 매장 중 가장 편리합니다.
7	장점이 무엇일까요?	창업 비용이 저렴합니다. 냉동고는 유통업체에서 무상 대여 가능합니다.
8	리스크는 무엇이 있을까요?	높은 전기세, 냉동고 전원 차단, 키오스크 오류, 상품 절도가 있습니다. 경쟁이 심합니다.
9	초기비용은 얼마나 필요할까요?(보증금, 권리금 제외)	평수에 따라 최소 1천5백만 원~최대 3천만 원 발생합니다. 매장 10평 기준, 2천만 원이면 가능합니다.(간판, 인테리어, 키오스크, CCTV, 상품 진열대, 상품, 냉동고)
10	사업 수익성은 어느 정도일까요?	매출은 200만 원~1,000만 원 발생합니다. 고정 지출은 월세, 관리비, 수익성 20~30%입니다.
11	트렌드 민감도는 얼마나 될까요?	가장 먼저 무인 창업된 점포로써 동네에 없어서는 안 될 매장으로 꾸준히 인기가 있을 듯합니다.

CCTV를 수시로 보아야 한다. 경쟁도 심하다. 초기 투자금이 적다 보니 진입장벽도 낮아 많은 사람이 아이스크림 매장 창업에 도전한다. 재고 관리 또한 부지런히 해야 한다. 제품이 떨어지지 않도록 상시 관리해야 한다. 특히 아이스크림 매장은 24시간 운영하지 않더라도 24시간 가동해야 한다. 아이스크림이 녹지 않도록 냉동고를 항상 돌려야 하기 때문이다. 그러니 전기요금이 많이 나온다.

무인 반려용품점

'1,500만 반려 인구'라고 한다. 거리를 걷다 보면 반려동물과 함께 산책하는 사람들을 자주 발견할 수 있다. 익숙한 광경이다. 이에 따라 반려동물과 관련된 산업도 점차 커지고 있다. 증가하는 수요를 충족시키기 위해 반려용품 전문점을 창업하는 것도 좋은 선택지이다.

무인 반려용품점에서 팔 수 있는 제품에는 사료, 간식, 장난감, 의류, 패드 등이 있다. 제품도 중요하지만 무인 반려용품점을 운영하기 위해 무엇보다 중요한 것은 상권이다. 반려동물을 키우는 거주자들이 많은 곳에 입점해야 수익이 발생하기 때문이다. 마진율은 30%로, 높은 편이다.

무인 반려용품점 창업의 장점이라면, 이 아이템이 지닌 확장성이다. 예를 들어 반려용품을 판매하는 동시에 무인 애견 샤워장을 운영하는 등 사업을 확장하기에 유리하다. 반려동물을 키우는 세대 수

단 11가지 질문으로 파악하는 각 무인 매장

무인 반려용품점

1	무인 반려용품점이란?	사료, 간식, 의류, 장난감 등 반려용품을 키오스크의 터치스크린을 통해 고객이 직접 결제하는 매장을 말합니다.
2	주요 고객층은 누구인가요?	1위 딩크족(2인) 〉 2위 싱글족(1인) 〉 3위 소득이 안정적인 가정
3	어떤 위치에 있어야 하나요?	1위 동물병원 근처 〉 2위 주거지역(아파트) 〉 3위 인근공원 산책로
4	매장의 크기는 어느 정도가 적당할까요?	최소 10평~최대 20평 이내가 관리하기에 용이합니다.
5	무인시스템이라도 꼭 해야 하는 업무는 무엇일까요?	매장 청소, 상품 재고 관리, 상품 진열을 해야 합니다.
6	하루 몇 시간을 투자해야 하나요?	하루 최소 50분은 투자 해야 하며, 운영난이도는 높지 않습니다.
7	장점이 무엇일까요?	사업을 확장하기 좋습니다. 반려동물을 키우는 세대 수가 증가하므로 전망이 좋습니다.
8	리스크는 무엇이 있을까요?	제한적인 소비자, 반려동물 오물로 인한 바닥 오염, 키오스크 오류, 상품 절도가 있습니다.
9	초기비용은 얼마나 필요할까요?(보증금, 권리금 제외)	평수에 따라 최소 2천만 원~최대 5천만 원 발생합니다.(간판, 인테리어, 키오스크, CCTV, 상품 진열대, 상품)
10	사업 수익성은 어느 정도일까요?	매출은 300만 원~1,200만 원 발생합니다. 고정 지출은 월세, 관리비, 수익성 30%입니다.
11	트렌드 민감도는 얼마나 될까요?	'1,500만 반려 인구'이므로 앞으로 전망은 더욱더 좋을 듯합니다.

가 증가하는 추세라는 점도 반려동물을 테마로 한 창업을 시도하는
데 도움이 된다.

단점이라면 소비자가 제한적이라는 점이다. 즉 소비자가 반려동물
을 키우는 사람으로 제한된다. 이와 더불어 반려동물의 습성, 니즈
에 대한 이해가 없이는 창업하기 어렵다. 많은 반려인이 제품을 저렴
하게 판매하는 온라인 매장을 이용한다는 점도 단점으로 작용한다.
판매하는 제품 종류에 유통기한이 표시된 제품들이 있을 경우 재고
관리를 더욱 철저하게 해야 한다. 제품을 도난당하는 경우도 있지
만, 아이스크림 매장보다는 도난률이 적다.

반려용품점 창업을 위해 필요한 것은 초도물품, 인테리어, 제품을
진열할 앵글, 간판 등이다. 매장 운영을 위해 이 모든 것을 준비하려
면 대략 4천만 원 정도의 창업 비용이 필요하다. 발생하는 월 수익은
1백만 원에서 3백만 원 사이로 다른 종류의 매장들과 비슷하다.

무인 밀키트 판매점

요리하는 사람들은 알 것이다. 된장찌개 하나 맛있게 끓이려고 해
도 각종 야채와 두부, 된장 및 조미료가 필요하다. 이를 끓이면서 들
여야 하는 각종 정성을 떠올리면, 허기마저 쏙 들어간다. 그렇다고
매번 배달 음식으로 끼니를 해결할 수도 없는 노릇이며, 요리 하나
하자고 모든 재료를 구입하기도 어렵다. 이에 대한 좋은 대안이 바로

무인 밀키트 판매점

1	무인 밀키트 판매점이란?	요리 재료와 레시피를 함께 제공하는 밀키트를 키오스크의 터치스크린을 통해 고객이 직접 결제하는 매장을 말합니다.
2	주요 고객층은 누구인가요?	1위 싱글족(1인) 〉 2위 직장인 〉 3위 딩크족(2인)
3	어떤 위치에 있어야 하나요?	1위 주거지역(아파트) 〉 2위 오피스텔 〉 3위 지하철역, 정류장 앞 1인 가구가 많이 거주하는 곳, 접근성이 중요하여 1층이 좋습니다.
4	매장의 크기는 어느 정도가 적당할까요?	최소 10평~최대 15평 이내가 관리하기에 용이합니다.
5	무인시스템이라도 꼭 해야 하는 업무는 무엇일까요?	유통기한 확인, 매장 청소, 상품 재고 관리, 상품 진열을 해야 합니다.
6	하루 몇 시간을 투자해야 하나요?	하루 최소 50분은 투자 해야 하며, 운영난이도는 높지 않습니다.
7	장점이 무엇일까요?	꾸준한 소비자 유입이 있습니다. 매출 확보가 유리합니다.
8	리스크는 무엇이 있을까요?	짧은 유통기한, 어려운 재고관리, 냉장고 전원 차단, 키오스크 오류, 상품 절도가 있습니다.
9	초기비용은 얼마나 필요할까요?(보증금, 권리금 제외)	평수에 따라 최소 2천만 원~최대 4천만 원 발생합니다. 매장 10평 기준, 2천만 원이면 가능합니다.(간판, 인테리어, 냉장고, 키오스크, CCTV, 상품 진열대, 상품)
10	사업 수익성은 어느 정도일까요?	매출은 200만 원~1,000만 원 발생합니다. 고정 지출은 월세, 관리비, 수익성 30~40%입니다.
11	트렌드 민감도는 얼마나 될까요?	코로나 이후로 많이 흥했지만 밀키트도 배달로 인해 인지도는 낮아지고 있습니다.

밀키트이다. 모든 재료가 키트 안에 있어서 이를 조리하기만 하면 된다. 1인 세대가 많은 요즘, 든든한 한 끼를 챙겨 먹기 위한 좋은 방법이 되기도 한다.

밀키트 판매점도 무인으로 운영할 수 있다. 장점이라면, 상권을 잘 선택할 경우 꾸준히 유입되는 소비자가 있기 때문에 창업하기에 팬찮은 아이템이다. 유통기한이 짧은 음식이기에 온라인 주문보다는 오프라인 매장을 선호하는 사람들이 많기 때문이다. 또한 '건강하고 간편한 음식'이라는 긍정적인 인식도 꾸준한 매출을 확보하는 데 유리하게 작용한다.

단점이라면 유통기한이 있는 밀키트의 경우, 재고 관리가 어렵다는 것이다. 냉동식품의 경우 유통기한이 길지만, 냉장식품의 경우 재고가 남게 되면 손실로 이어진다. 이에 누구나 고민하지 않고 선택할 수 있는, 평범하고 대중적인 메뉴를 선택해서 판매하게 되는데, 이것도 밀키트 매장의 단점이자 한계이다. 밀키트 판매점의 창업 비용은 약 5천만 원 정도이다.

무인 라면 편의점

많은 직장인이 퇴근하고 집에 들어가기 전에 무엇인가 허전할 때 생각나는 게 라면일 것이다. 중고등학생도 학원 시간에 쫓길 때 간단하게 먹을 수 있는 것이 라면이다. 우리나라는 아이부터 어른까지

단 11가지 질문으로 파악하는 각 무인 매장
무인 라면 편의점

1	무인 라면 편의점이란?	다양한 라면을 키오스크에 고객이 직접 결제한 후 즉석라면조리기를 통해 끓여 먹는 매장을 말합니다.
2	주요 고객층은 누구인가요?	1위 직장인 〉 2위 중고등학생 〉 3위 싱글족
3	어떤 위치에 있어야 하나요?	1위 지하철역, 정류장 앞 〉 2위 상업지구 〉 3위 1인 가구가 많이 거주하는 곳 접근성이 중요하여 1층이 좋습니다.
4	매장의 크기는 어느 정도가 적당할까요?	최소 10평~최대 20평 이내가 관리하기에 용이합니다.
5	무인시스템이라도 꼭 해야 하는 업무는 무엇일까요?	매장 청소, 상품 재고 관리, 상품 진열을 해야 합니다.
6	하루 몇 시간을 투자해야 하나요?	하루 최소 50분은 투자 해야 하며, 운영난이도는 높지 않습니다.
7	장점이 무엇일까요?	창업 비용이 적습니다. 리스크가 적습니다.
8	리스크는 무엇이 있을까요?	낮은 객단가, 라면 국물로 인한 바닥 오염, 잦은 청소 및 관리가 필요합니다.
9	초기비용은 얼마나 필요할까요?(보증금, 권리금 제외)	평수에 따라 최소 2천만 원~최대 4천만 원 발생합니다. 매장 10평 기준, 2천5백만 원이면 가능합니다.(간판, 인테리어, 조리기구, 키오스크, CCTV, 상품 진열대, 상품)
10	사업 수익성은 어느 정도일까요?	매출은 200만 원~1,200만 원 발생합니다. 고정 지출은 월세, 관리비, 수익성 40%입니다.
11	트렌드 민감도는 얼마나 될까요?	라면의 인기가 높고 간단하고 편리하게 먹을 수 있는 장점으로 꾸준히 인기가 있을 듯합니다.

라면을 굉장히 좋아하고 일주일에 한 번 이상은 꼭 먹는다. 편의점의 컵라면보다는 무인으로 편하게 먹을 수 있는 매장이 무인 라면 편의점이다.

장점이라면 창업 비용이 적으며 폐업 시에도 리스크가 적다는 것이다. 또 월세가 높은 역세권 등에 오픈하지 않아도 되므로 월세의 부담도 적다. 하지만 단점은 아무래도 객단가가 낮아 수익이 적고, 음식물이다 보니 청소하는 것도 어려울 수 있다. 고객이 많다 보면 매출이 나와서 좋지만 더 자주 방문해서 청소해야 하고 청결도 더 신경 써야 하는 부분이 있다.

무인 카페

프랜차이즈 카페나 개인이 운영하는 카페의 경우 24시간 운영하는 경우가 드물다. 깊은 밤 공부할 장소가 필요하거나 커피를 마시고 싶을 때 찾을 수 있는 장소가 24시간 운영되는 무인 카페이다. 커피는 단순한 기호 식품을 넘어 사람들에게 일상이 된 듯하다. 그러니 커피를 좋아하지만 상주하여 운영하기 어려운 경우 무인 카페를 운영하는 것도 좋은 방법이 될 수 있다.

장점은 무인 카페의 경우도 창업 진입장벽이 낮다는 것이다. 대부분 커피 머신을 이용하기 때문에 인건비도 들지 않는다. 사람들이 직원의 눈치를 안 보고 오래 앉아 있는 장소로 선호하기 때문에 입

무인 카페

1	무인 카페란?	다양한 커피 음료를 키오스크의 터치스크린을 통해 고객이 직접 결제한 후 자동 커피머신을 통해 제조하는 매장을 말합니다.
2	주요 고객층은 누구인가요?	1위 직장인 〉 2위 대학생 〉 3위 싱글족(1인)
3	어떤 위치에 있어야 하나요?	1위 상업지구 〉 2위 대학교 근처 〉 3위 주거지역 (아파트) 접근성이 중요하여 1층이 좋습니다.
4	매장의 크기는 어느 정도가 적당할까요?	최소 10평~최대 20평 이내가 관리하기에 용이합니다.
5	무인시스템이라도 꼭 해야 하는 업무는 무엇일까요?	매장 청소, 커피 재료 관리를 해야 합니다.
6	하루 몇 시간을 투자해야 하나요?	하루 최소 50분은 투자 해야 하며, 운영난이도는 높지 않습니다.
7	장점이 무엇일까요?	진입 장벽이 낮습니다. 꾸준한 고객을 확보할 수 있어 수익성이 높은 편입니다.
8	리스크는 무엇이 있을까요?	커피로 인한 바닥 오염, 느린 회전율 위험이 있습니다. 청결한 기계관리 및 깨끗한 매장 관리가 필요합니다.
9	초기비용은 얼마나 필요할까요?(보증금, 권리금 제외)	평수에 따라 최소 2천만 원~최대 1억 원 발생합니다. 매장 10평 기준, 2천5백만 원이면 가능합니다.(간판, 인테리어, 자동 커피머신, 키오스크, CCTV, 상품)
10	사업 수익성은 어느 정도일까요?	매출은 200만 원~1,000만 원 발생합니다. 고정 지출은 월세, 관리비, 수익성 50%입니다.
11	트렌드 민감도는 얼마나 될까요?	향후 3년까지는 괜찮다고 봅니다.

지가 좋을 경우 고객도 꾸준하게 확보할 수 있다.

　단점도 있다. 먼저 오래 앉아 시간을 보내는 사람들이 많을 경우, 매출에 문제가 발생할 수 있다. 즉 고객 확보는 쉽지만, 회전이 느릴 경우 매출이 적어진다. 만약 바닥에 커피를 흘렸을 경우, 바로 대응하기가 어렵다. 이에 클레임이 들어올 수 있다. 음료 제조를 위해서는 재료도 필요한데, 재료 관리 또한 철저해야 한다.

　무인 카페의 경우 매장을 관리하는 사람이 없기 때문에 사람들이 외부의 음식을 가지고 와서 먹는 경우가 있다. 매출에 도움도 되지 않지만, 테이블을 더럽히고 갈 경우 다른 고객들이 이용하는 데 불편을 겪는다. 또한 청소년의 아지트가 될 확률이 높다. 만약 이러한 상황에서 주변에 저가 커피 매장이 들어오게 된다면, 소비자들은 그 매장으로 향할 가능성이 높기에 매출에 큰 타격을 준다.

　무인 카페를 운영하기 위해서는 커피머신과 초도 물류비용, 인테리어와 간판 제작이 필요하다. 창업 비용은 대략 3천만 원인데, 이는 자판기 카페의 경우이다. 로봇 카페를 운영할 경우 창업 비용은 1억 원까지 증가한다. 월 매출은 1백만 원에서 3백만 원 사이로 입지와 관리 상태에 따라 변동한다.

그 밖의 무인 판매점

　　　　　　　　　　　　　　　나는 무인 매장으로 퇴사합니다

무인 액세서리샵

1	무인 액세서리샵이란?	핸드폰케이스, 목걸이, 귀걸이, 팔찌, 반지 등 다양한 액세서리를 키오스크 통해 고객이 직접 결제하는 매장을 말합니다.
2	주요 고객층은 누구인가요?	1위 학생 〉 2위 싱글족(1인)
3	어떤 위치에 있어야 하나요?	1위 상업지구 〉 2위 지하철역, 정류장 앞 접근성이 중요하여 지하철역, 정류장 앞의 1층이 좋습니다.
4	매장의 크기는 어느 정도가 적당할까요?	최소 4평~최대 10평 이내가 관리하기에 용이합니다.
5	무인시스템이라도 꼭 해야 하는 업무는 무엇일까요?	매장 청소, 상품 재고 관리, 상품 진열을 해야 합니다.
6	하루 몇 시간을 투자해야 하나요?	하루 최소 50분은 투자 해야 하며, 운영난이도는 높지 않습니다.
7	장점이 무엇일까요?	작은 평수에도 창업이 가능합니다. 샵앤샵도 가능합니다.
8	리스크는 무엇이 있을까요?	키오스크 오류, 상품 절도가 있습니다.
9	초기비용은 얼마나 필요할까요?(보증금, 권리금 제외)	평수에 따라 최소 2천만 원~최대 5천만 원 발생합니다. 매장 10평 기준, 2천5백만 원이면 가능합니다.(간판, 인테리어, 키오스크, CCTV, 상품 진열대, 상품)
10	사업 수익성은 어느 정도일까요?	매출은 200만 원~1,200만 원 발생합니다. 고정 지출은 월세, 관리비, 수익성 20~30%입니다.
11	트렌드 민감도는 얼마나 될까요?	폰케이스점도 점차 무인 매장으로 바뀌므로 향후 인기 있는 업종이 될 듯합니다.

무인 의류 매장

1	무인 의류 매장이란?	티셔츠, 바지, 원피스, 셔츠, 자켓 등 다양한 의류를 키오스크의 터치스크린을 통해 고객이 직접 결제하는 매장을 말합니다.
2	주요 고객층은 누구인가요?	1위 20대 여성 〉 2위 30대 여성 〉 3위 주부
3	어떤 위치에 있어야 하나요?	1위 상업지구 〉 2위 쇼핑의 상권지 접근성이 중요하여 1층이 좋습니다.
4	매장의 크기는 어느 정도가 적당할까요?	최소 10평~최대 20평 이내가 관리하기에 용이합니다.
5	무인시스템이라도 꼭 해야 하는 업무는 무엇일까요?	매장 청소, 상품 재고 관리, 상품 진열을 해야 합니다.
6	하루 몇 시간을 투자해야 하나요?	하루 최소 50분은 투자 해야 하며, 운영난이도는 높지 않습니다.
7	장점이 무엇일까요?	음식처럼 유통기한이 있는 것이 아니라 손실 리스크가 적습니다.
8	리스크는 무엇이 있을까요?	의류 착용으로 인한 훼손, 키오스크 오류, 상품 절도가 있습니다.
9	초기비용은 얼마나 필요할까요?(보증금, 권리금 제외)	평수에 따라 최소 2천만 원~최대 5천만 원 발생합니다. 매장 10평 기준, 2천5백만 원이면 가능합니다.(간판, 인테리어, 키오스크, CCTV, 상품 진열대, 상품)
10	사업 수익성은 어느 정도일까요?	매출은 200만 원~1,000만 원 발생합니다. 고정 지출은 월세, 관리비, 수익성 40%입니다.
11	트렌드 민감도는 얼마나 될까요?	앞으로 점차 늘어날 것이라고 예상합니다.

단 11가지 질문으로 파악하는 각 무인 매장

무인 과일가게

1	무인 과일가게란?	다양한 과일을 키오스크의 터치스크린을 통해 고객이 직접 결제하는 매장을 말합니다.
2	주요 고객층은 누구인가요?	1위 싱글족(1인) 〉 2위 딩크족(2인) 〉 3위 대학생
3	어떤 위치에 있어야 하나요?	1위 주거지역(아파트) 〉 2위 대학교 근처 〉 3위 원룸가 접근성이 중요하여 1층이 좋습니다.
4	매장의 크기는 어느 정도가 적당할까요?	최소 10평~최대 20평 이내가 관리하기에 용이합니다.
5	무인시스템이라도 꼭 해야 하는 업무는 무엇일까요?	매장 청소, 상품 재고 관리, 상품 진열을 해야 합니다.
6	하루 몇 시간을 투자해야 하나요?	하루 최소 60분은 투자 해야 하며, 운영난이도는 높지 않습니다.
7	장점이 무엇일까요?	창업 비용이 적습니다. 작은 공간으로도 가능합니다. 종류가 많이 없어 상품 관리하기 편리합니다.
8	리스크는 무엇이 있을까요?	과일 부패 및 악취, 키오스크 오류, 상품 절도가 있습니다.
9	초기비용은 얼마나 필요할까요?(보증금, 권리금 제외)	평수에 따라 최소 1천 5백만 원~최대 4천만 원 발생합니다. 매장 10평 기준, 2천만 원이면 가능합니다.(간판, 인테리어, 냉장고, 키오스크, CCTV, 상품)
10	사업 수익성은 어느 정도일까요?	매출은 200만 원~800만 원 발생합니다. 고정 지출은 월세, 관리비, 수익성 60%입니다.
11	트렌드 민감도는 얼마나 될까요?	아침에 과일로 식대용으로 하는 경우도 많다보니 과일가게 인지도가 지속될 듯합니다.

2) 공간 임대업

무인 키즈카페

현대 사회에서 프라이빗한 경험과 쾌적한 환경을 추구하는 시대 흐름에 따라 새롭게 주목받는 창업 아이템 중 하나로 부상하고 있다. 이러한 무인 키즈카페는 대형 키즈카페와는 다른 콘셉트로, 지인들끼리 모여서 아이들과 함께 특별한 파티나 이벤트를 즐길 수 있는 프라이빗한 공간을 대여하는 형태의 창업이다.

이 아이템은 층간소음과 같은 문제로 인해 편안한 공간을 추구하는 현대인들에게 매력적으로 다가갈 것으로 기대된다. 특히 대형 키즈카페와는 차별화된 경험을 선사하여 고객들에게 새로운 즐거움을 제공할 수 있다. 아이들이 안전하게 노는 동안 부모들은 친구들과 함께 편안한 분위기에서 휴식을 취할 수 있는 공간으로 무인 키즈카페의 인기는 더욱 증가할 것으로 예상된다.

이러한 창업의 장점 중 하나는 무인 시스템을 도입하여 수익률을 높일 수 있다는 점이다. 인력을 최소한으로 유지하면서도 효과적인 운영이 가능하며, 주로 청소와 관련된 간단한 작업을 제외하고는 별다른 노동력이 필요하지 않다.

하지만 도난 비율이 낮다는 장점에도 불구하고, 아이들의 안전 문

단 11가지 질문으로 파악하는 각 무인 매장

무인 키즈카페

1	무인 키즈카페란?	각종 안전 규정을 준수하여 안전한 놀이기구 및 시설로 아이들이 편하게 놀 수 있는 프라이빗한 공간을 대여하는 것을 말합니다.
2	주요 고객층은 누구인가요?	1위 유아 부모님 〉 2위 초등학생 부모님
3	어떤 위치에 있어야 하나요?	1위 주거지역(아파트) 〉 2위 주차 가능한 상업지역 아이들이 많은 지역이 좋습니다.
4	매장의 크기는 어느 정도가 적당할까요?	최소 20평~최대 40평 이내가 관리하기에 용이합니다.
5	무인시스템이라도 꼭 해야 하는 업무는 무엇일까요?	매장 청소를 해야 하며 파티존, 소품 등 데코가 필요합니다.
6	하루 몇 시간을 투자해야 하나요?	하루 최소 50분은 투자 해야 하며, 운영난이도는 높지 않습니다.
7	장점이 무엇일까요?	수익률이 높습니다. 적은 노동력으로 운영할 수 있습니다. 재투자비가 없습니다.
8	리스크는 무엇이 있을까요?	층간 소음으로 옆상가와 분쟁이 있을 가능성도 있습니다. 아이들의 안전 문제에 주의해야 합니다.
9	초기비용은 얼마나 필요할까요?(보증금, 권리금 제외)	평수에 따라 최소 4천만 원~최대 6천만 원 발생합니다.(간판, 인테리어, 놀이기구 및 시설, 키오스크, CCTV)
10	사업 수익성은 어느 정도일까요?	매출은 400만 원~1,500만 원 발생합니다. 고정 지출은 월세, 관리비, 수익성 80%입니다.
11	트렌드 민감도는 얼마나 될까요?	프라이빗한 공간을 선호하는 트렌드이므로 향후 전망은 좋습니다.

제는 항상 주의해야 할 부분이다. 무인 키즈카페에서는 어린이들이 무단으로 특정 구역에 접근하지 못하도록 철저한 시스템을 갖춰야 하며, 응급 상황에 대비한 대응 시스템도 구축되어야 한다. 이러한 안전 문제에 대비하기 위해서는 보험 가입이 필수적이다.

무인 스터디카페

무인 스터디카페 창업은 무인 창업 중에서도 수익률이 상당히 높은 편이다. 인테리어 투자 비용이 상당히 많이 들기는 하지만, 회원권 시스템을 통해 단골 고객을 확보할 수 있다는 장점이 있다. 특히 편리한 운영 시스템을 도입함으로써 도난이나 안전성 문제에 대한 어려움은 거의 없다고 볼 수 있다. 또한 고객 서비스(CS) 문제 역시 다른 업종에 비해 거의 발생하지 않는 편이다.

또다른 장점 중 하나는 무인 시스템을 도입하여 수익률을 높일 수 있다는 점이다. 인력을 최소한으로 유지하면서도 효과적인 운영이 가능하며, 주로 청소와 관련된 간단한 작업을 제외하고는 별다른 노동력이 필요하지 않다. 이는 창업자들에게 효율적이고 경제적인 운영이 가능하다는 장점으로 작용한다.

그러나 경쟁이 심해지는 상황에서는 이벤트나 시설 등을 신경 써야 하는 부분이 있다. 경쟁사와의 차별화를 위해 다양한 이벤트를 기획하거나 새로운 시설을 도입하여 고객들의 눈길을 사로잡는 것이

단 11가지 질문으로 파악하는 각 무인 매장
무인 스터디카페

1	무인 스터디카페란?	자유롭게 공부할 수 있는 공간으로 키오스크의 터치스크린을 통해 시간 금액 또는 정기권으로 고객이 직접 결제하는 매장을 말합니다.
2	주요 고객층은 누구인가요?	1위 학생 〉 2위 취준생 〉 3위 직장인
3	어떤 위치에 있어야 하나요?	1위 상업지구 〉 2위 학교 근처 〉 3위 주거지역(아파트) 도서관의 접근성이 안 좋으며, 학생들이 많은 지역이 좋습니다.
4	매장의 크기는 어느 정도가 적당할까요?	최소 20평~최대 40평 이내가 관리하기에 용이합니다.
5	무인시스템이라도 꼭 해야 하는 업무는 무엇일까요?	매장 청소를 해야 합니다.
6	하루 몇 시간을 투자해야 하나요?	하루 최소 70분은 투자 해야 하며, 운영난이도는 높지 않습니다.
7	장점이 무엇일까요?	수익률이 높습니다. 도난이나 안전성의 어려움이 없습니다. 재투자 비용도 없습니다. cs부분이 적습니다.
8	리스크는 무엇이 있을까요?	초기 투자 비용이 많이 듭니다. 성수기 비수기 편차가 있습니다. 경쟁이 심합니다.
9	초기비용은 얼마나 필요할까요?(보증금, 권리금 제외)	평수에 따라 최소 6천만 원~최대 1억5천만 원 발생합니다.(간판, 인테리어, 책상/의자, 키오스크, CCTV)
10	사업 수익성은 어느 정도일까요?	매출은 300만 원~1,200만 원 발생합니다. 고정 지출은 월세, 관리비, 수익성 80%입니다.
11	트렌드 민감도는 얼마나 될까요?	향후 5년까지가 괜찮다고 생각합니다.

중요하다. 고객 유치를 위해서는 특히 창의적이고 매력적인 마케팅 전략이 필요하다. 인기는 더욱 증가할 것으로 예상된다.

무인 공유창고

최근 떠오르고 있는 무인 창업 아이템 중 하나로, 캠핑, 골프 등 다양한 생활용품을 보관하고자 하는 수요에 부응하여 등장한 비즈니스 모델이다. 현대 사회에서는 다양한 취미 생활을 즐기는 사람들이 늘어나면서, 집에 수납 공간이 부족하고 습도 관리가 어려워지는 문제에 대한 해결책으로 무인 공유창고가 주목받고 있다.

캠핑, 낚시, 골프 등 취미 생활에 필요한 장비나 용품들은 대부분 부피가 크고 집안에 보관하기 어려워 불편함을 겪는 경우가 많아 무인 공유창고는 이러한 불편함을 해소하고자 고안된 시스템으로, 필요한 물품을 보관하고 필요할 때 언제든지 찾아볼 수 있는 편리함을 제공한다. 또한 공유창고 내부의 온습도를 적절히 조절하여 보관 물품의 훼손을 방지하는 등 관리 편의성도 높은 것이 특징이다.

무인 공유창고는 특히 캠핑, 낚시, 골프와 같은 액티비티를 즐기는 분들에게 인기를 끌고 있다. 이들은 자주 사용하는 장비들을 편리하게 보관하고, 필요할 때마다 쉽게 찾아 사용할 수 있어 편의성이 크게 증가한다. 월 단위 또는 몇 달로 계산하는 고객들로 인해 수입도 상당히 높을 것으로 기대된다.

단 11가지 질문으로 파악하는 각 무인 매장

무인 공유창고

1	무인 공유창고란?	생활용품, 스포츠용품 등 보관을 해주는 공간임대업입니다.
2	주요 고객층은 누구인가요?	1위 4인 가족 〉 2위 캠핑, 골프 등 취미를 가진 분들
3	어떤 위치에 있어야 하나요?	1위 주차가 편리한 상가 〉 2위 엘리베이터 필수인 상가
4	매장의 크기는 어느 정도가 적당할까요?	최소 30평~최대 150평 이내가 관리하기에 용이합니다.
5	무인시스템이라도 꼭 해야 하는 업무는 무엇일까요?	온도, 습도 관리를 필수로 해야 합니다.
6	하루 몇 시간을 투자해야 하나요?	하루 최소 30분은 투자 해야 하며, 운영난이도는 높지 않습니다.
7	장점이 무엇일까요?	매우 적은 관리로도 유지 가능합니다. 비교적 진입장벽이 낮습니다. 공실 문제로 건물 가치 하락으로 고민하는 사람들에게 좋습니다. 수입이 높습니다.
8	리스크는 무엇이 있을까요?	습도, 온도 관리가 필요합니다. 30평 이상의 큰 공간이 필요합니다.
9	초기비용은 얼마나 필요할까요?(보증금, 권리금 제외)	평수에 따라 최소 3천만 원~최대 8천만 원(창고형 케비넷, 인테리어, 어플, CCTV)
10	사업 수익성은 어느 정도일까요?	매출은 400만 원~1,000만 원 발생합니다. 고정 지출은 월세, 관리비, 수익성 80%입니다.
11	트렌드 민감도는 얼마나 될까요?	현대 사회에서 증가하는 취미 생활 수요가 높아 떠오르는 아이템이라고 예상합니다.

하지만 무인 공유창고를 창업할 때는 몇 가지 고려해야 할 단점도 존재한다. 평수가 큰 공간이 필요하며, 주차 편의성이 요구되기 때문에 이에 적합한 지역이나 건물을 찾기가 어려울 수 있다. 특히 상가를 찾기가 어려워 공간을 구하는 데 제약이 따를 수 있다.

결론적으로 무인 공유창고는 현대 사회에서 증가하는 취미 생활 수요에 부응하여 떠오르고 있는 무인 창업 아이템 중 하나이다. 적절한 마케팅 전략과 좋은 위치에 창업한다면, 편의성과 수입 면에서 매력적인 비즈니스 모델로 자리매김할 수 있을 것으로 예상된다.

그밖의 공간 임대업

무인 스튜디오카페

1	무인 스튜디오카페란?	사진촬영, 영상촬영, 음악녹음 등 각 목적에 맞게 시설과 장비가 구비되어 사용자가 자유롭게 사용 가능한 프라이빗한 무인 매장을 말합니다.
2	주요 고객층은 누구인가요?	1위 온라인 콘텐츠 크리에이터 〉 2위 영상, 사진 작가 〉 3위 아티스트
3	어떤 위치에 있어야 하나요?	1위 주차가 편리한 상가 〉 2위 문화 예술 발달 지역 소음에 대한 민원이 발생되지 않을 장소로 결정해야 합니다.
4	매장의 크기는 어느 정도가 적당할까요?	최소 20평~최대 30평 이내가 관리하기에 용이합니다.
5	무인시스템이라도 꼭 해야 하는 업무는 무엇일까요?	매장 청소, 장비 관리를 해야 합니다.
6	하루 몇 시간을 투자해야 하나요?	하루 최소 50분은 투자 해야 하며, 운영난이도는 높지 않습니다.
7	장점이 무엇일까요?	재고에 대한 부담이나 리스크가 없습니다. 재투자 비용이 없습니다. cs부분이 다른 업종 비해 없습니다.
8	리스크는 무엇이 있을까요?	촬영 시설 및 각종 장비의 훼손이 있습니다. 고객층 폭이 좁습니다.
9	초기비용은 얼마나 필요할까요?(보증금, 권리금 제외)	평수에 따라 최소 2천만 원~최대 8천만 원 발생합니다. 매장 20평 기준, 3천만 원이면 가능합니다.(간판, 인테리어, 촬영 장비, 음향 장비, CCTV)
10	사업 수익성은 어느 정도일까요?	매출은 300만 원~1,200만 원 발생합니다. 고정 지출은 월세, 관리비, 수익성 80%입니다.
11	트렌드 민감도는 얼마나 될까요?	유튜브나 디지털미디어 시대로 앞으로도 좋을 듯합니다.

1	무인 워터룸이란?	각종 안전 규정을 준수하여 안전한 놀이기구 및 시설로 아이들이 편하게 놀 수 있는 프라이빗 무인 매장을 말합니다.
2	주요 고객층은 누구인가요?	1위 유아 〉 2위 초등학생
3	어떤 위치에 있어야 하나요?	1위 주차가 편리한 상가 〉 2위 주거지역(아파트) 소음에 대한 민원이 발생되지 않을 장소로 결정해야 합니다.
4	매장의 크기는 어느 정도가 적당할까요?	최소 30평~최대 50평 이내가 관리하기에 용이합니다.
5	무인시스템이라도 꼭 해야 하는 업무는 무엇일까요?	매장 청소를 해야 합니다.
6	하루 몇 시간을 투자해야 하나요?	오전, 오후 타임으로 중간 청소가 필요합니다.
7	장점이 무엇일까요?	재투자 비용이 없습니다. cs부분이 다른 업종 비해 없습니다. 객단가가 높아서 수익성이 좋습니다.
8	리스크는 무엇이 있을까요?	높은 초기 투자 비용으로 투자금 환수가 어렵습니다. 중간 타임에 청소를 해야 하는 번거로움이 있습니다. 아이들의 안전에 유의해야 합니다.
9	초기비용은 얼마나 필요할까요?(보증금, 권리금 제외)	평수에 따라 최소 6천만 원~최대 1억5천만 원 (간판, 인테리어, 놀이기구, 초도물품, CCTV)
10	사업 수익성은 어느 정도일까요?	매출은 600만 원~2,000만 원 발생합니다. 고정 지출은 월세, 관리비, 수익성 80%입니다.
11	트렌드 민감도는 얼마나 될까요?	프라이빗한 공간 트렌드로 고객들이 확보될 듯합니다.

무인 파티룸

1	무인 파티룸이란?	파티 공간으로, 파티나 소규모 이벤트를 위한 공간임대업입니다. 네이버 예약으로 쉽게 예약하고 결제를 받을 수 있습니다.
2	주요 고객층은 누구인가요?	1위 성인 〉 2위 아이들 부모
3	어떤 위치에 있어야 하나요?	1위 주차가 편리한 상가 〉 2위 뷰가 좋은 공간 소음에 대한 민원이 발생되지 않을 장소로 결정해야 합니다.
4	매장의 크기는 어느 정도가 적당할까요?	최소 30평~최대 50평 이내가 관리하기에 용이합니다.
5	무인시스템이라도 꼭 해야 하는 업무는 무엇일까요?	매장 청소를 해야 합니다.
6	하루 몇 시간을 투자해야 하나요?	하루 최소 50분은 투자 해야 하며, 운영난이도는 높지 않습니다.
7	장점이 무엇일까요?	리스크가 적습니다. 소자본 창업으로 가능합니다. 시간 및 공간 제약이 적습니다.
8	리스크는 무엇이 있을까요?	마케팅의 중요성이 큽니다. 파손의 우려가 있습니다.
9	초기비용은 얼마나 필요할까요?(보증금, 권리금 제외)	평수에 따라 최소 3천만 원~최대 4천만 원(간판, 인테리어, 초도물품, CCTV)
10	사업 수익성은 어느 정도일까요?	매출은 500만 원~1,000만 원 발생합니다. 고정 지출은 월세, 관리비, 수익성 80%입니다.
11	트렌드 민감도는 얼마나 될까요?	프라이빗한 공간 트렌드로 고객들이 확보될 듯합니다.

3) 무인 서비스업

무인 셀프 빨래방

1인 주거가 늘어나면서 셀프 빨래방을 찾는 사람들이 많다. 요즘 오피스텔 또는 원룸 근처에 셀프 빨래방이 입점해 있는 것을 쉽게 찾아볼 수 있다. 집에서 세탁하기 어려운 종류의 빨래감이 있는데, 세탁소가 문을 닫았다면 난감하다. 하지만 셀프 빨래방은 대개 24 시간 운영이 되기에 어느 때나 이용하기 쉽다.

셀프 빨래방은 세탁기와 건조기 이외에도 사람들이 대기할 수 있는 공간이 필요하다. 대략 15평 정도의 매장을 많이 선호한다. 24시 간 세탁기와 건조기를 돌리기 때문에 유지, 보수 관리가 매우 중요 하다. 이와 더불어 빨래방의 상권이 매우 중요하다. 그 이유에 대해 서는 셀프 빨래방 운영의 장단점을 살펴보면 바로 이해가 될 것이다.

셀프 빨래방의 장점은 상권만 잘 분석한다면 많은 수요가 보장된 다는 점이다. 무인이므로 인건비를 지출할 필요가 없다. 빨래방을 운 영하기 위해 요구되는 기술도 없다. 즉 진입 장벽이 낮다. 그러니 교 육 또한 필요하지 않으며, 세탁 기계 외에 필요한 재료도 없다. 빨래 방에 있는 비품들을 도난당할 우려도 없다.

단점이라면 이미 셀프 빨래방이 많아 경쟁이 심하는 것이다. 또한

	단 11가지 질문으로 파악하는 각 무인 매장 **무인 셀프 빨래방**	
1	무인 셀프 빨래방이란?	개인적인 빨래를 세탁하기 위해 키오스크로 결제하는 시스템입니다.
2	주요 고객층은 누구인가요?	1위 1인 싱글족 〉2위 대학생
3	어떤 위치에 있어야 하나요?	1위 오피스텔, 원룸가 〉2위 대학가
4	매장의 크기는 어느 정도가 적당할까요?	최소 10평~최대 20평 이내가 관리하기에 용이합니다.
5	무인시스템이라도 꼭 해야 하는 업무는 무엇일까요?	세탁기 필터 관리, 세탁 세재 리필이 필요합니다.
6	하루 몇 시간을 투자해야 하나요?	하루 최소 30분은 투자 해야 하며, 운영난이도는 높지 않습니다.
7	장점이 무엇일까요?	진입 장벽이 낮습니다. 많은 수요가 보장됩니다. 도난 문제가 없습니다.
8	리스크는 무엇이 있을까요?	기계고장, 오작동 등 유지보수비가 발생합니다. 환경 부담 및 높은 수도세와 전기세가 발생합니다. 창업률이 높아서 경쟁이 심합니다.
9	초기비용은 얼마나 필요할까요?(보증금, 권리금 제외)	평수에 따라 최소 7천만 원~최대 1억5천만 원(기계장비, 간판, 인테리어, CCTV)
10	사업 수익성은 어느 정도일까요?	매출은 500만 원~1,500만 원 발생합니다. 고정 지출은 월세, 관리비, 수익성 70%입니다.
11	트렌드 민감도는 얼마나 될까요?	셀프 빨래방은 예전부터 인기가 있었고, 앞으로도 계속해서 수요가 높을 것으로 예상됩니다.

주변 상권에 거주하는 사람들만 고객이 되기에 대박 수익을 기대하기는 어렵다. 마케팅이 뛰어나도 한계가 있다는 뜻이다. 기계가 고장나거나 오작동이 빈번하기도 하다. 그러니 고객으로부터의 클레임이 많다. 기계가 고장날 때마다 유지보수를 해야 하는데, 이 또한 빈도수가 많다. 세탁소는 청결이 중요하기에, 청소를 소홀히 해서는 절대 안 된다.

셀프 빨래방을 운영하기 위해 구비해야 할 것은 세탁기 3대(17kg), 건조기 2대(20kg), 키오스크(카드 전용) 1대, 실내 인테리어, 간판, 설비 등이다. 이를 위해 드는 창업 비용은 15평을 기준으로 7천만 원에서 1억 3천만 원 이내이다. 예상수익은 월 기준으로 1백만 원에서 3백만 원 정도이다. 이는 빨래방의 입지와 관리에 따라 변동될 수 있다.

무인 애견목욕 매장

요즘은 반려견 사업이 뜨는 시기이다. 대기업들도 반려견 사업에 관심을 보이며 확장을 준비하고 있다. 특히 반려견 간식뿐만 아니라 유치원, 호텔 서비스, 그리고 미용 분야까지 다양한 영역에서 활동이 확대되고 있다.

그런데 반려견 주인들의 고충 중 하나는 바로 목욕이다. 강아지를 목욕시키는 것은 힘든 일이며, 털을 제거하고 건조하는 데에도 상당한 시간과 노력이 필요하다. 이로 인해 많은 주인들이 목욕 서비스

무인 애견목욕 매장

1	무인 애견목욕 매장이란?	애완견 대상으로 자동화된 목욕시스템입니다. 직접 견주가 목욕을 편리하게 사용할 수 있게 해주는 시스템 무인 매장입니다.
2	주요 고객층은 누구인가요?	1위 반려견 키우는 고객층
3	어떤 위치에 있어야 하나요?	1위 반려동물 산책로 〉 2위 상업지구(동물병원, 애견카페 등)
4	매장의 크기는 어느 정도가 적당할까요?	최소 10평~최대 20평 이내가 관리하기에 용이합니다.
5	무인시스템이라도 꼭 해야 하는 업무는 무엇일까요?	온도, 습도 관리 필수로 해야 합니다. 청결유지가 필요합니다.
6	하루 몇 시간을 투자해야 하나요?	하루 최소 30분은 투자 해야 하며, 운영난이도는 높지 않습니다.
7	장점이 무엇일까요?	급성장하고 있는 분야입니다. 반려견 간식, 용품 판매로 부수입을 올릴 수 있습니다.
8	리스크는 무엇이 있을까요?	습도, 온도 관리가 필요합니다. 청결이 많이 필요합니다.
9	초기비용은 얼마나 필요할까요?(보증금, 권리금 제외)	평수에 따라 최소 5천만 원~최대 8천만 원(간판, 인테리어, 기계장비, CCTV)
10	사업 수익성은 어느 정도일까요?	매출은 400만 원~800만 원 발생합니다. 고정 지출은 월세, 관리비, 수익성 80%입니다.
11	트렌드 민감도는 얼마나 될까요?	펫코노미 시대로 앞으로 기대되는 무인 창업중 하나입니다.

를 외부에 맡기게 되는데, 그 비용이 매우 부담스럽다. 목욕 서비스 한 번에 최소 3만 원부터 50만 원까지 들기도 한다.

이에 따라 최근에는 셀프 목욕 시설이 생겨나고 있다. 주인이 자동화된 시스템을 사용하여 반려견을 스스로 목욕시키면, 비용 부담을 줄일 수 있다. 무인 창업으로 셀프 목욕 시설을 운영하는 것이 꽤 괜찮은 아이디어로 여겨지고 있다.

셀프 목욕 시설을 창업하기 위해서는 대략 5,000만 원에서 8,000만 원 정도의 창업 비용이 필요하다. 이는 설치할 기계 장비에 따라 다를 수 있다. 또한 부수입으로 카페나 반려견 간식을 판매하여 매출을 올릴 수도 있다.

셀프 목욕 시설을 운영할 때 주의할 점은 청결이다. 털이 많이 빠지는 반려견들을 대상으로 하기 때문에 청결을 유지하는 것이 매우 중요하다. 전망이 밝은 무인업종 중 하나로 꼽히고 있다.

무인 세차장
세차가 취미인 사람들도 있다. 휴일이면 세차장을 찾아, 자신의 차를 손수 정성스레 청소하며 만족감을 느낀다. 차를 좋아하는 사람이라면, 그 마음을 공유할 수 있는 고객들의 니즈를 충족시키는 세차장을 운영하는 것도 무인 창업의 좋은 선택지이다.

무인 세차장

1	무인 세차장이란?	자동화 시스템으로 세차를 편리하게 할 수 있게 공간을 빌려주는 세차시설입니다.
2	주요 고객층은 누구인가요?	1위 바쁜 스케줄로 세차가 어려운 고객
3	어떤 위치에 있어야 하나요?	1위 주거단지와 가깝지만 넓은 토지
4	매장의 크기는 어느 정도가 적당할까요?	최소 100평 이상입니다.
5	무인시스템이라도 꼭 해야 하는 업무는 무엇일까요?	깨끗한 매장 청결 유지해야 합니다.
6	하루 몇 시간을 투자해야 하나요?	하루 최소 30분은 투자 해야 하며, 운영난이도는 높지 않습니다.
7	장점이 무엇일까요?	운영이 간편합니다. 높은 수요로 리스크가 적습니다. 운영 노하우 없어도 창업 가능합니다.
8	리스크는 무엇이 있을까요?	넓은 공간이 필요해서 창업 비용이 많이 듭니다. 하수시설, 토목, 구조물 등 정확하게 확인해야 합니다. 날씨의 영향을 많이 받습니다.
9	초기비용은 얼마나 필요할까요?(보증금, 권리금 제외)	평수에 따라 최소 2억 이상(세차장비, 인테리어, CCTV)
10	사업 수익성은 어느 정도일까요?	매출은 1억 이상 발생합니다. 고정 지출은 월세, 관리비, 수익성 80%입니다.
11	트렌드 민감도는 얼마나 될까요?	차가 다니는 곳이라면 고객확보가 좋고 현대인들의 개성 있는 공간으로 상승될 듯합니다.

무인 세차장의 장점은 인건비가 없고 운영이 간편하다는 것이다. 24시간 무인으로 운영할 수 있으며, 수요도 많다. 수요가 많으니 리스크도 낮다. 땅값 및 설비 비용이 많이 들어 진입장벽이 높지만 그만큼 경쟁이 심하지 않다. 소비자들이 세차장을 이용하며 현금을 이용하는 것도 무인 세차장의 좋은 점이다.

단점은 높은 창업 비용이다. 게다가 세차장은 날씨를 탄다. 사람들이 눈이나 비가 오면 세차하지 않기 때문이다. 부지를 선정하기 어렵다는 점도 무인 세차장 창업을 주저하게 만드는 단점으로 작용한다.

무인 세차장을 운영하는 데 필요한 것은 세차기 등 장비와 토목, 구조물, 열선, 화폐교환기 등이다. 하수시설도 필요하고 인테리어와 간판에도 신경 써야 한다.

실내와 실외의 투자 비용이 다르긴 하지만 창업 비용으로 대략 2억 원이 든다. 다른 아이템에 비해 확실히 창업 비용이 높지만 수익률도 높다. 월 수익은 3백만 원에서 7백만 원 사이로, 입지와 관리 상태에 따라 더 많은 돈을 벌 수 있다.

무인 코인노래방

사람들이 모임이나 여가를 즐길 때 빠지지 않고 등장하는 곳이 노래방이다. 과거나 지금이나 노래방에 대한 사람들의 애정이나 향

무인 코인노래방

1	무인 코인노래방이란?	동전이나 카드 또는 시간으로 키오스크로 결제해서 부스 안에서 노래를 부를 수 있는 무인 매장입니다.
2	주요 고객층은 누구인가요?	1위 중고등학생 〉 2위 대학생
3	어떤 위치에 있어야 하나요?	1위 상업지역
4	매장의 크기는 어느 정도가 적당할까요?	최소 30평 이상입니다.
5	무인시스템이라도 꼭 해야 하는 업무는 무엇일까요?	깨끗한 매장 청결 유지해야 합니다.
6	하루 몇 시간을 투자해야 하나요?	하루 최소 30분은 투자 해야 하며, 운영난이도는 높지 않습니다.
7	장점이 무엇일까요?	회전률이 빠릅니다. 추가 지출이 없습니다.
8	리스크는 무엇이 있을까요?	미성년자 출입통제가 필요합니다. 파손 우려가 있습니다. 창업 비용이 높습니다. 전기세가 많이 나옵니다.
9	초기비용은 얼마나 필요할까요?(보증금, 권리금 제외)	최소 1억에서 1억5천(노래방 장비, 인테리어, 간판, CCTV)
10	사업 수익성은 어느 정도일까요?	매출은 5000이상~1,200만 원 발생합니다. 고정 지출은 월세, 관리비, 수익성 80%입니다.
11	트렌드 민감도는 얼마나 될까요?	높은 인기로 상승세이며 노래방은 누구나 좋아하기 때문에 지금처럼 인기가 꾸준할 것 같습니다.

수는 여전하다. 그러나 변화가 있다면, 무인으로 운영되는 코인노래방이 많아졌다는 것이다.

무인 코인노래방의 경우도 시설과 장비만 갖춘다면 별도의 재료비가 필요하지 않다. 무인으로 운영하기에 인건비도 들지 않는다. 코인노래방에서는 자신이 지불한 금액만큼 노래를 부르고 나가기 때문에 회전율이 높다. 이러한 점은 무인 코인노래방이라는 아이템의 장점이다.

역시나 단점도 있다. 창업 비용이 꽤 비싸면서도, 매장이 많아서 경쟁이 심하다. 전기세가 많이 나오는 것도 운영의 단점이다. 문제는 미성년자 관리가 어렵다는 데 있다. 인건비가 들지 않지만, 밤에 미성년자들을 내보내기 위해 누군가는 움직여야 한다. 매장 안에서 미성년자들이 술을 마신다면 벌금이 부과될 수도 있다. 더군다나 이런 매장의 경우 코로나 같은 전염병이 발생하면 직격타를 맞는다. 마이크 고장이 잦다는 점도 매장 운영의 어려움을 초래한다.

노래방을 운영하기 위해서는 음향시스템을 반드시 갖추어야 한다. 노래방에 어울리는 인테리어와 운영 집기, 간판도 필요하다. 이를 위해 드는 비용 모두를 더하면 방 15개를 기준으로 1억 3천만 원 정도이다. 월 수익은 1백만 원에서부터 4백만 원까지 낼 수 있다.

무인 프린트 매장

요즘에는 학교나 회사에 프린터가 있기에 가정에 프린터를 두고 사용하는 경우가 많지 않다. 그러나 간혹 급하게 인쇄가 필요할 경우가 생겨 난감할 때가 있다. 그럴 때마다 떠올리는 장소는 편의점 또는 PC방이지만, 모든 매장이 프린터를 구비하고 있지는 않다.

그러니 찾는 곳이 바로 무인 프린트 매장이다. 대학 상권이나 젊은 층이 거주하는 지역, 자취생들이 많은 지역에 무인 프린트 매장을 설치하면 제법 이윤이 생긴다. 무인 프린트 매장의 경우 마진도 30%로 높다.

무인 프린트 매장의 경우도 24시간 무인 운영이 가능하다. 원격 제어 시스템으로 운영하니 편리하다. 인건비도 들지 않고, 도난률도 낮다.

물론 단점도 있다. 매장 내에 토너가루와 분진가루로 인한 먼지가 발생한다. 기계값도 비싸지만, 많이 사용되기에 프린터 잔고장이 많다. 먼지와 파지가 발생해서 매장을 자주 청소해 주어야 한다. 종이도 떨어지지 않게 꾸준하게 채워야 클레임이 걸리지 않는다.

무인 프린트 매장 이용을 위해서는 서버 이용료와 복사기 등 장비, 인테리어와 간판이 필요하다. 7평 기준으로 창업 비용은 7천만 원이다. 매장 운영을 통해 얻을 수 있는 월 수익은 대략 1백만 원에서 2백만 원 사이다.

무인 프린트 매장

1	무인 프린트 매장이란?	24시간 운영으로 복사 및 스캔, 프린트를 이용할 수 있는 무인시설입니다.
2	주요 고객층은 누구인가요?	1위 대학생 〉 2위 중고등학생
3	어떤 위치에 있어야 하나요?	1위 대학가 〉 2위 자취생이 많은 지역
4	매장의 크기는 어느 정도가 적당할까요?	최소 7평 이상입니다.
5	무인시스템이라도 꼭 해야 하는 업무는 무엇일까요?	깨끗한 매장 청결 유지해야 합니다. 종이 채우기가 필요합니다.
6	하루 몇 시간을 투자해야 하나요?	하루 최소 30분은 투자 해야 하며, 운영난이도는 높지 않습니다.
7	장점이 무엇일까요?	높은 수요로 리스크가 적습니다. 원격 제어 시스템으로 운영이 편리합니다. 마진율이 높습니다.
8	리스크는 무엇이 있을까요?	프린터기의 잦은 잔고장이 있습니다. 기계값이 비쌉니다.
9	초기비용은 얼마나 필요할까요?(보증금, 권리금 제외)	평수에 따라 최소 4천만 원~6천만 원입니다.(프린트 장비, 인테리어, 간판, CCTV)
10	사업 수익성은 어느 정도일까요?	매출은 300~600만 원 발생합니다. 고정 지출은 월세, 관리비, 수익성 70%입니다.
11	트렌드 민감도는 얼마나 될까요?	이미 많은 대학가에 자리 잡고 있어서 들어가기 어렵지만 상권만 잘 찾는다면 향후 괜찮습니다.

무인 사진관

사진을 찍기 위해 실력 있는 사진사가 운영하는 사진관을 찾는 일도 번거롭게 느껴질 때가 있다. 더군다나 이제는 사진이 사람들이 즐기는 오락의 일종이 되었다. 삼삼오오 모여 무인 사진관을 찾고, 재밌는 사진을 찍으며 추억을 새긴다. 사진을 찍는 일은 우리에게 익숙한 문화가 되었다.

사람들이 모이는 도심, 특히 젊은 층이 많은 상권에 입점한 무인 사진관이 많다. 무인 사진관을 시작하는 일은 어렵지 않다. 사장이 할 일은 이미지와 프레임을 자주 업데이트하는 일이다. 이를 해주는 업체도 있다. 즉 운영이 간편하며 운영강도가 낮다는 점이 무인 사진관 창업의 장점이다. 재료비와 유지비도 적은데 기계 고장도 적다. 순수익률도 높아, 이를 보면 무인 사진관이 좋은 창업 아이템으로 느껴진다.

하지만 단점도 있다. 사진관에 비치해 놓은 소품의 도난이 잦다는 것이다. 그리고 사진 기계를 설치하는 비용이 꽤 든다. 이는 높은 창업 비용으로 이어진다. 소품과 매장 청소에 신경 써야 한다는 점도 단점이지만, 무엇보다 이 아이템은 유행을 탄다. 유행이 지나면 찾는 이도 적어지니 수익을 내기 어렵다.

무인 사진관 운영을 위해서는 장비와 소품을 구입하고 인테리어

1	무인 사진관이란?	무인 사진관은 자동화된 시스템으로 사진 촬영과 인화를 키오스크 결제로 편리한 서비스를 제공하는 사진관입니다.
2	주요 고객층은 누구인가요?	1위 20대 〉2위 10대
3	어떤 위치에 있어야 하나요?	1위 상업지역 〉2위 유흥지역
4	매장의 크기는 어느 정도가 적당할까요?	최소 10평 이상입니다.
5	무인시스템이라도 꼭 해야 하는 업무는 무엇일까요?	깨끗한 매장 청결 유지해야 합니다. 필름지 채우는 부분이 필요합니다.
6	하루 몇 시간을 투자해야 하나요?	하루 최소 30분은 투자 해야 하며, 운영난이도는 높지 않습니다.
7	장점이 무엇일까요?	운영이 간편하고 운영강도가 낮습니다. 유지 보수가 많이 필요하지 않습니다. 높은 마진율과 빠른 회전율입니다.
8	리스크는 무엇이 있을까요?	초기 투자 비용이 많이 듭니다. 유행타는 업종입니다. 고정유지비(서버운영비, 업그레이드)가 필요합니다.
9	초기비용은 얼마나 필요할까요?(보증금, 권리금 제외)	평수에 따라 최소 8천만 원~1억3천만 원입니다. (사진기 장비, 인테리어, 간판, CCTV)
10	사업 수익성은 어느 정도일까요?	매출은 700~1,500만 원 발생합니다. 고정 지출은 월세, 관리비, 수익성 80%입니다.
11	트렌드 민감도는 얼마나 될까요?	트렌드를 많이 따라가는 업종이라 앞으로 지켜봐야 할 듯합니다.

와 간판에도 신경 써야 한다. 총 창업 비용은 7천만 원 정도이다. 월 수익은 1백만 원에서 3백만 원 사이로 타 아이템과 유사하다.

4) 무인 스포츠업

무인 스포츠업종은 최근에 빠르게 성장하고 있는 산업 중 하나이다. 이 업종은 주로 탁구, 테니스, 골프, 당구 등 다양한 실내 스포츠를 즐길 수 있는 공간을 제공하며, 이를 통해 고객들은 자유롭게 운동을 즐길 수 있다. 특히 최근에는 고객들의 요구에 따라 무인화가 진행되고 있어, 언제든지 편리하게 이용할 수 있는 장점이 크다.

무인 스포츠업종이 늘어나는 이유 중 하나는 늦은 시간에도 이용할 수 있는 유연성이다. 일부 고객들은 근무나 학업 등으로 인해 낮 시간에는 쉽게 스포츠를 즐길 수 없는 경우가 많기 때문에, 늦은 시간에도 이용할 수 있는 무인 시설은 매우 유용하다. 또한 무인화로 운영되는 공간은 인건비를 줄일 수 있어 비용 효율적이며, 이는 저렴한 이용료로 고객들에게 제공될 수 있다.

대부분의 무인 스포츠업종 사업자들은 해당 스포츠에 대한 전문 지식을 가지고 있거나 코치 자격증을 보유하고 있다. 따라서 이들은 레슨을 제공하고 수입을 창출할 수 있다. 예를 들어, 골프 시설의 경우 어플리케이션을 통해 코치를 예약하고 레슨을 받을 수 있다. 이는 고객들에게 저렴한 비용으로 고품질의 레슨을 제공할 수 있는 장점을 가지고 있다.

무인 스포츠업종은 평수가 큰 공간을 필요로 하기 때문에 인테리어 비용이나 월세 관리비 등의 부담이 있을 수 있다. 하지만 이는 높은 수익률로 보상받을 수 있는 투자로 평가된다. 또한 관리적인 부분이 비교적 적은 편이며, 고객들의 니즈를 충족시키기 위한 다양한 서비스 제공이 가능하다.

전반적으로 무인 스포츠업종은 지속적인 성장과 발전이 예상되는 산업 중 하나이다. 능동적이고 창의적인 사업 전략을 통해 고객들의 요구를 충족시키고 새로운 시장을 개척함으로써 무한한 성장 가능성을 가지고 있다. 이는 앞으로 더욱 다양한 스포츠와 서비스를 제공할 수 있는 기회를 열어줄 것이다.

단 11가지 질문으로 파악하는 각 무인 매장

무인 당구장

1	무인 당구장이란?	직원없이 고객이 스스로 편리하게 당구를 즐길 수 있도록 해주는 공간입니다.
2	주요 고객층은 누구인가요?	1위 30~50대 남성
3	어떤 위치에 있어야 하나요?	1위 상업지역 〉 2위 유흥지역
4	매장의 크기는 어느 정도가 적당할까요?	최소 30평 이상입니다.
5	무인시스템이라도 꼭 해야 하는 업무는 무엇일까요?	깨끗한 매장 청결 유지해야 합니다.
6	하루 몇 시간을 투자해야 하나요?	하루 최소 30분은 투자 해야 하며, 운영난이도는 높지 않습니다.
7	장점이 무엇일까요?	기존 당구장 인수가 가능합니다. 유행을 타지 않습니다. 남녀노소 누구나 가능한 고객층입니다. 운영이 간편합니다.
8	리스크는 무엇이 있을까요?	초기 비용이 많이 듭니다. 평대가 크므로 월세 및 관리비가 높습니다.
9	초기비용은 얼마나 필요할까요?(보증금, 권리금 제외)	평수에 따라 최소 8천만 원~1억3천만 원입니다. (당구대. 인테리어, 간판, CCTV)
10	사업 수익성은 어느 정도일까요?	매출은 700~1,500만 원 발생합니다. 고정 지출은 월세, 관리비, 수익성 50~70%입니다.
11	트렌드 민감도는 얼마나 될까요?	기존 당구장이 무인으로 바뀌는 트렌드라 앞으로 추후 전망이 좋습니다.

1	무인 탁구장이란?	직원없이 고객이 스스로 편리하게 탁구를 즐길 수 있도록 해주는 공간입니다.
2	주요 고객층은 누구인가요?	1위 30~50대 남성
3	어떤 위치에 있어야 하나요?	1위 상업지역 〉2위 유흥지역
4	매장의 크기는 어느 정도가 적당할까요?	최소 30평 이상입니다.
5	무인시스템이라도 꼭 해야 하는 업무는 무엇일까요?	깨끗한 매장 청결 유지해야 합니다.
6	하루 몇 시간을 투자해야 하나요?	하루 최소 30분은 투자 해야 하며, 운영난이도는 높지 않습니다.
7	장점이 무엇일까요?	기존 탁구장 인수가 가능합니다. 유행을 타지 않습니다. 남녀노소 누구나 가능한 고객층입니다. 리스크가 적습니다. 무인 스포츠업 중에서는 초기 비용이 적습니다.
8	리스크는 무엇이 있을까요?	평대가 크므로 월세 및 관리비가 높습니다.
9	초기비용은 얼마나 필요할까요?(보증금, 권리금 제외)	평수에 따라 최소 5천 이상입니다.(탁구대, 인테리어, 간판, CCTV)
10	사업 수익성은 어느 정도일까요?	매출은 700~1,500만 원 발생합니다. 고정 지출은 월세, 관리비, 수익성 50~70%입니다.
11	트렌드 민감도는 얼마나 될까요?	기존 탁구장이 무인으로 바뀌는 트렌드라 앞으로 추후 전망이 좋습니다.

단 11가지 질문으로 파악하는 각 무인 매장
무인 골프장

1	무인 골프장이란?	직원없이 고객이 스스로 편리하게 골프를 즐길 수 있도록 해주는 공간입니다.
2	주요 고객층은 누구인가요?	1위 20~50대 남성, 여성
3	어떤 위치에 있어야 하나요?	1위 상업지역 〉 2위 유흥지역
4	매장의 크기는 어느 정도가 적당할까요?	최소 50평 이상입니다.
5	무인시스템이라도 꼭 해야 하는 업무는 무엇일까요?	깨끗한 매장 청결 유지해야 합니다. 레슨수업으로 관리적인 면을 보여줘야 합니다.
6	하루 몇 시간을 투자해야 하나요?	하루 최소 50분은 투자 해야 하며, 운영난이도는 높지 않습니다.
7	장점이 무엇일까요?	기존 골프장 인수가 가능합니다. 날씨와 관계없이 이용 가능합니다. 수요층이 넓어지고 있어 전망이 좋습니다.
8	리스크는 무엇이 있을까요?	평대가 크므로 월세 및 관리비가 높습니다. 초기 투자 비용이 높습니다.
9	초기비용은 얼마나 필요할까요?(보증금, 권리금 제외)	평수에 따라 최소 1억3천만 원~2억 이상입니다. (골프 장비, 인테리어, 간판, CCTV)
10	사업 수익성은 어느 정도일까요?	매출은 1,000~3,000만 원 발생합니다. 고정 지출은 월세, 관리비, 수익성 70%입니다.
11	트렌드 민감도는 얼마나 될까요?	골프 트렌드로 앞으로도 향후 전망이 클 것으로 예상됩니다.

단 11가지 질문으로 파악하는 각 무인 매장

무인 테니스장

1	무인 테니스장이란?	직원없이 고객이 스스로 편리하게 테니스를 즐길 수 있도록 해주는 공간입니다.
2	주요 고객층은 누구인가요?	1위 20~50대 남성, 여성
3	어떤 위치에 있어야 하나요?	1위 상업지역 〉 2위 유흥지역
4	매장의 크기는 어느 정도가 적당할까요?	최소 50평 이상입니다.
5	무인시스템이라도 꼭 해야 하는 업무는 무엇일까요?	깨끗한 매장 청결 유지해야 합니다. 레슨수업으로 관리적인 면을 보여줘야 합니다.
6	하루 몇 시간을 투자해야 하나요?	하루 최소 50분은 투자 해야 하며, 운영난이도는 높지 않습니다.
7	장점이 무엇일까요?	날씨와 관계없이 이용 가능합니다. 남녀노소 누구나 가능한 고객층입니다. 운영이 간편합니다.
8	리스크는 무엇이 있을까요?	평대가 크므로 월세 및 관리비가 높습니다. 초기 투자 비용이 높습니다.
9	초기비용은 얼마나 필요할까요?(보증금, 권리금 제외)	평수에 따라 최소 8,000~1억5천입니다.(테니스장, 인테리어, 간판, CCTV)
10	사업 수익성은 어느 정도일까요?	매출은 1,000~3,000만 원 발생합니다. 고정 지출은 월세, 관리비, 수익성 70%입니다.
11	트렌드 민감도는 얼마나 될까요?	실내스포츠 유행, 테니스 트렌드로 앞으로 향후 전망이 클 것으로 예상됩니다.

프랜차이즈 선택 시
유의할 점

직접 무인 창업 브랜드를 만들어 창업하는 것도 좋지만, 부담스러울 수 있다. 오히려 성공적으로 안착한 프랜차이즈의 가맹점을 운영한다면 자신이 모든 것을 진행했을 때 발생할 리스크를 줄일 수도 있다. 브랜드 자체가 이미 홍보성을 띠고 있기 때문에, 마케팅에 대한 스트레스에서도 상대적으로는 자유롭다.

하지만 어떤 프랜차이즈 가맹점을 선택할 것인가에 대해서는 기준을 철저하게 세우고 결정해야 한다. 기본적으로 체크리스트를 만들어 프랜차이즈를 선택하는 것이 맞지 않은 프랜차이즈를 선택하여 발생할 수 있는 피해를 최소화하는 방법이다. 이를 위해 체크리스트 예시를 작성해 제안하고자 한다.

프랜차이즈 선택 시 체크리스트	
1	브랜드의 인지도 및 평판
2	가맹본부의 매출
3	가맹본부의 경영 능력
4	가맹점 수 및 가맹점의 매출
5	최초 비용(간판, 인테리어 등)
6	가맹비, 로열티, 수수료 여부
7	영업지역 보호 여부
8	위약금 여부
9	교육 프로그램 여부
10	마케팅 지원 여부
11	지역 인구 밀도
12	지역 경쟁 매장 수
13	지역 교통 접근성
14	상품 및 서비스 품질
15	시장 규모 및 경쟁 상황
16	가맹본부의 빠른 의사소통 여부

비용과 시간, 위험 요소를 줄이기 위해 선택한 프랜차이즈 선택
이 자신의 창업에 있어 최선의 방안이 되려면, 위의 리스트에 언급

나는 무인 매장으로 퇴사합니다

된 내용을 체크하고 프랜차이즈 본사의 방향성과 자신의 창업 방향성이 맞는지 따져보아야 한다. 이에 더하여 해당 가맹점을 운영하는 사람들에게 조언을 구하는 통로를 찾는 것도 좋은 프랜차이즈 선택의 이정표가 된다.

나만의 브랜드 구축하는 법

상호 및 로고 만들기

'브랜드'는 곧 자산이다. 커피 하면 스타벅스를 떠올리듯이 경쟁력 있는 브랜드는 수익을 창출하는 무형 가치로 나타난다. 브랜드에 대한 좋은 연상은 높은 선호도로, 구매로 이어지기 때문이다. 이는 '무인 창업'에도 마찬가지로 적용된다. 창업한 매장이 성공적으로 운영될 수 있는데 브랜드는 큰 영향을 끼칠 수 있다. 즉 '브랜드 네이밍 마케팅' 또한 무인 창업의 중요한 성공 요소가 될 수 있다.

21년 추운 겨울에 시작한 내 무인 문구점의 상호명은 '문구방구'이다. 귀여운 이름이다. 부르기도 쉽고, 외우기도 쉽다. 무엇보다 주요 타켓층인 학생들의 마음에도 콕 박힐 수 있는 재밌는 이름이다. 이름만 들으면 이 브랜드가 '문구'를 판매하는 브랜드인 것도 쉽게 알 수 있다. 브랜드는 이렇게 만드는 것이다.

나의 브랜드 네이밍 원칙은 이렇다.

첫 번째, 상호명은 기억하기 쉬워야 하며, 입으로 발음하기에도 좋아야 한다. 그렇다면 긴 이름보다 짧은 이름을 짓는 게 좋다. 우리가 자주 먹는 과자들의 이름을 떠올려 보자. 칸쵸, 새우깡, 빈츠, 초코비처럼 짧고, 발음하기에 재미있는 이름들이 사람들의 뇌리에 쉽게 각인된다.

두 번째, 상호명은 독특해야 한다. 독특하고 재미난 이름은 사람들의 눈길을 끌기도 쉽고, 호기심을 유발시키기도 한다. 그렇다면 사람들이 기억하기에도 쉽다. '뿌셔뿌셔'라는 제품명을 알고 있을 것이다. 오뚜기에서 런칭한 과자의 이름이다. 과자의 이름이 '뿌셔뿌셔'라니, 저절로 궁금해진다. 이 과자는 예전에 우리가 라면을 끓여 먹지 않고 부셔서 먹었던 추억을 떠올리게 한다. 주먹에 힘을 줘 라면을 잘게 부수고, 그 위에 스프를 부어 열심히 흔들어서 먹었던 기억 말이다. 즉 '뿌셔뿌셔'는 면처럼 생긴 과자를 부수고, 첨가된 스프를 뿌려 먹는 방식의 과자이다.

그 이름이 만약 '라면 과자'였다면 어땠을까? 라면처럼 생긴 과자라는 점은 연상되지만, 궁금하지는 않을 것이다. 하지만 '뿌셔뿌셔'라는 이름에는 호기심, 과자를 잘게 부수는 감각적인 행동 등 모든 것이 함축적으로 담겨 있다. 더군다나 '뿌셔'라는 단어가 반복되니 발음하기도 재밌다.

지금까지 설명한 내용이 브랜드명을 상상하는 단계였다면, 실질적인 팁으로 줄 수 있는 것은 '상표 등록'을 염두에 두고 상호명을 정해야 한다는 것이다. 한국특허정보원 '키프리스(https://www.kipris.or.kr)'에 들어가 보면 내가 정한 상호명이 이미 등록된 상표인지 확인할 수 있다.

다음은 로고이다. 브랜드의 정체성이 담겨 있도록 디자인된 기호, 이미지이다. 로고에는 사람들이 그 브랜드 및 관련된 상품을 기억하고 연상하는 힘이 담겨 있어야 한다. 그러므로 단순해야 하지만 사람들의 뇌리에 잘 남도록 차별적이고 독특해야 한다.

로고의 종류는 크게 두 종류이다. 텍스트 기반 로고와 그림 기반 로고이다. 텍스트 로고의 경우 브랜드명을 활용하여서 만들면 된다. 하지만 이름이 너무 길거나 어려울 때는 심벌 혹은 이미지 형식으로 로고를 만드는 편이 좋다.

로고를 직접 만들 수 있다. 셀프로 제작하기 위해 도움이 되는 사이트는 미리캔버스(https://www.miricanvas.com/)나 망고보드(https://www.mangoboard.net/), 캔바(https://www.canva.com/)이다.

→ 로고 예시

로고를 만들기 위한 레퍼런스 사이트로 핀터레스트(https://www.pinterest.co.kr/)가 있다. 인공지능(AI)으로 로고를 생성하는 사이트도 있다. Tailor Brands(https://www.tailorbrands.com/), logomaster.ai(https://logomaster.ai/)이다. 외주를 줄 경우 크몽(https://kmong.com/)이나 라우드 소싱(https://www.loud.kr/)을 이용하는 것도 로고 제작 팁이다.

초보자가
사기 당하지 않는 법

부와 성공을 이룬 사람들의 스토리에는 그들이 겪었던 숱한 시행착오가 담겨 있다. 그들의 이야기를 보며 공감하면서도 그런 착오를 자신만큼은 경험하지 않기를 바라는 마음은 창업을 준비하는 누구에게나 있다. 당신도 그러할 것이다. 이 책을 보는 독자들도 성공 노하우와 더불어 실패하지 않는 노하우를 배우기 위해, 시간을 내어 이 책을 읽는 중일 것이다.

무인 창업에 도전하는 사람들의 경우, 대부분 소자본을 가지고 뛰어든다. 적은 자본이라 할지라도 노력하여 모은 종잣돈이기 때문에 잃지 말아야 한다는 두려움에 휩싸인다. 당연하다. 누군가에게는 적은 돈일지라도, 내일의 삶을 위해 겨우 마련한 목돈이며, 희망의 씨앗인 돈이다. 그러나 투자금을 잃을 수도 있다는 두려움은 사람이

가지고 있는 연약한 부분을 침범하여 잘못된 선택을 하도록 이끌기
도 한다.

사실 소자본 창업을 하고자 하는 사람들 대부분이 이런 마음을
갖고 있을 것이다. 잘못된 선택으로 인한 결과로 후회하기에는, 더
이상의 리스크를 감당할 힘이 없다. 처음 사업에 뛰어들 때의 내 마
음도 그랬다. 실패를 경험하고 싶지 않았다. 하지만 실패하여 한 번
무너졌을 때 다시 일어나야 하는데, 그때는 더 큰 힘이 필요하다.

나 자신이 초보자라는 생각, 사업에 대해 잘 모른다는 생각, 실패
해서는 안 된다는 생각, 이런 생각이 들 때 가장 위험한 것은 다른
사람들의 말이다. 처음에는 패기와 도전 의식으로 시작하였던 사업
도, 점차 자신의 영역을 벗어나는 것처럼 느껴지면 사람들을 찾아다
니며 조언을 듣게 되는데 그러다가 자칫 사기를 당하게 된다.

어떤 경우에 사기가 발생할까? 사실 창업을 시도하다 보면 많은
사람을 만나게 되니, 누가 나에게 나쁜 목적을 갖고 접근하는지 판
단하기는 쉽지 않다. 하지만 피하는 방법은 있다. 내가 잘 알아보지
않고, 빠르게 성공해야겠다는 욕심이 있을 때 문제는 발생한다. 여기
서 중요한 것도 역시나 마음가짐이다. 상황에 휩쓸리지 않고, 욕심을
내려놓고, 판단력을 강화해야 한다.

나보다 무언가를 먼저 이룬 것 같은 사람들에게 가지는 동경과 인정 등, 감정과 신뢰를 이용하여 교묘하게 꾀어내는 것이 사기꾼들의 수법이다. 이를 피하기 위해서는 이성적인 판단, 객관적인 사고가 필요하다. 이를 위해 몇 가지 법칙을 안내해 보고자 한다.

첫째, 정보를 철저히 확인하는 것이다. 사기를 당한 사례를 보면, 잘못된 정보에 속게 되는 경우가 많다. 사기꾼이 의도적으로 거짓 정보를 만들고, 조작하여 사람들을 속이는 것이다. 그러므로 정보를 수용하기 전 정보의 출처가 어디인지, 사실인지에 대한 진위를 확인하는 습관을 들여야 한다. 특히 이메일, 전화, 메시지를 통한 사기 사례는 심심치 않게 보게 될 정도로 주변에서 많이 발생한다. 쉽게 전해지는 달콤한 정보일수록 거짓일 수 있다는 생각을 늘 하고 있어야 한다.

둘째, 감정적인 결정을 피해야 한다. 사기꾼들이 사용하는 수법이 사람의 감정을 교묘하게 조종하는 것이다. 나에게 이득을 주고, 그것을 넘어 제안을 수락하지 않을 시에는 내가 큰 손해를 입을 것처럼 감정을 조종한다. 감정으로 설득당하면, 상대방의 말에 거짓이 있고 빈틈이 있을지라도 덜컥 속아버리고 만다. 그러므로 상대방이 제안하는 거래가 너무 좋아 보인다거나, 깊이 고민할 시간도 없이 급하게 결정해야 한다는 압박을 받게 된다면 결정하는 것을 멈춰야 한다. 상대방의 제안을 더 고민해 보고, 그 제안에 대해 감정적으로 휩쓸리지 않도록 신중해야 한다.

나는 무인 매장으로 퇴사합니다

셋째, 돈과 관련된 것일수록 가져야 하는 것은 경계심이다. 누구나 돈을 벌고 싶어 한다. 돈을 벌고 싶다는 욕구는 상대방에 대한 경계, 상황에 대한 경계까지 허문다. 누군가가 거래를 제안할 때, 그 상황이나 거래가 이상하게 느껴진다면 그것을 경계 신호로 받아들여야 한다. 신호를 무시하고 진행할 때 발생하는 피해는 내 사업과 가정을 향해 다가오는 불행이다. 보안을 세우듯 상대방의 말을 판단하는 기준을 겹겹이 쌓아야 한다.

넷째, 정보를 균형 있게 수집해야 한다. 하나만 알고 있으니 문제인 거다. 더 정확하게 말하자면 하나를 전부로 알기에 '모르고' 당하는 거다. 물건 하나를 살 때도 가격과 상품평, 인터넷에 올라온 후기들까지 꼼꼼하게 분석하고 구입하는데 창업이야 더 말할 것도 없다. 거래, 내가 하려는 사업에 대한 많은 정보를 수집하고, 이를 비교하고 분석해야 한다. 그래야 누군가가 나에게 어떠한 소스를 제공해 올 때도 내가 가진 정보로 그것이 옳은지 그른지, 나에게 얼마나 큰 이윤을 가져다줄 수 있는지 객관적으로 판단할 수 있다. 앞서 말했듯이 사기는 종종 너무 좋아 보이는 제안을 통해 이루어진다. 하지만 내가 하려는 사업에 대한 지식이 있다면, 좋아 보이는 제안이 때로는 현실성 없는 잘못된 제안이라는 것을 파악할 수 있다.

'급할수록 돌아가라'라는 말이 떠오른다. 하지만 이 책을 읽는 독자들은 이미 돌아갈 곳이 없다고 생각하는 사람들일 수도 있다. 돌아갈 수는 없어도, 성급해지려 할 때 잠시 멈출 수는 있다. 급할수록 천천히 가라. 내가 딛는 돌다리가 땅에 굳게 박힌 돌다리인지 철저하게 두드려 보라. 그렇게 나아가는 전진만이 실패 없는 창업의 결과로 우리를 데려다 줄 것이다.

Chapter 3

무인 창업,
무조건 성공하는
법칙

나를 알아야 성공 아이템을 찾는다
본인의 관심사, 흥미, 기질을 고려한 무인 창업 아이템 선정

무인 창업이 지닌 여러 이점은 여러 차례 말씀드렸다. 인건비가 들지 않고, 소자본으로 가능하며, 시간의 자유가 있는 무인 창업의 장점을 알기에 많은 사람이 무인 창업에 관심이 있다. 하나 걸러 하나, 흔히 볼 수 있는 무인 가게의 종류도 다양하다. 무인 코인노래방, 무인 프린트 매장, 무인 탁구장, 무인 요거트 매장, 최근에는 무인 햄버거가게까지 생겼다. 일상에 필요한 다양한 제품, 서비스들을 무인으로 제공하는 매장이 기하급수적으로 늘고 있다. '나도 무인 창업에 도전해 보고 싶다'라는 도전 의식이 생기는가? 그런데 이러한 관심과 도전 의식은 성공적인 창업 아이템을 만날 때 더 빛이 난다.

"매장의 운영과 나의 성향이 잘 맞을까?" 나의 점주님 중 매출이 잘 나오는 매장을 운영하는 점주님이 계시는데 매출이 잘 나올 수 있는 이유는 무엇이었을까? 그 점주님은 매장을 운영하며 재미를 느끼셨다. 문구점을 운영하는 게 너무 재미있다고, 새로운 물건이 나왔는지 찾아보는 것도, 이를 정리정돈 하는 것도 재미있다고 하셨다. 그분은 다양한 방식으로 진열해 보시고, 물건이 팔렸을 때 희열감까지 느끼고 있었다.

매출이 좋고 점주님도 만족해 하는 모습을 보며, 친구분도 따라서 무인 문구매장을 창업하셨다. 상권도 좋았기에 매출은 잘 나왔다. 하지만 운영하시는 점주님이 하루하루 힘들어하셨다. 어떤 물건을 사야 하는지, 구입한 물건을 어떻게 진열해야 하는지, 모든 것이 어려움의 연속이었다. 무엇보다 그 점주님께서는 도난에 대한 우려가 크셨다. CCTV를 틀어놓고 오랜 시간 보고 계셨다. 매출은 좋았지만 운영이 힘들어서 결국 매장을 한 달 만에 양도하셨다.

매출이 잘 나오는데, 어느 정도의 힘듦은 각오할 수 있다고 생각하는 분도 많을 것이다. 돈은 중요하다. 하지만 많은 돈을 번다고 해도 스트레스를 많이 받으면 그 삶이 행복하지 않다. 그 스트레스가 내가 사랑하는 사람들에게 갈 수도 있기 때문이다. 그러므로 남이하는데 잘 된다고 덜컥 따라 하면 절대 안 된다.

무인 창업을 하는 데도 내가 좋아하는 게 무엇인지를 찾아야 한다. 내 관심사는 무엇인지, 잘하는 것은 무엇인지에 대해 고려해야 한다. '나는 정리정돈 하는 데 자신이 있다'라고 한다면 상품을 진열해야 하는 종류의 무인 창업이 좋다. 문구점, 아이스크림 가게, 펫샵 등은 진열이 중요한 곳이다. '나는 센스가 있다. 공간을 꾸미는 것을 좋아한다'라고 하면, 공간 임대업이 좋다. 공간의 용도에 맞춰서, 사람들에게 호응을 이끄는 인테리어를 한다면 곧 좋은 매출로 이어질 것이니까. 혹시 '나는 청소하는 게 좋다'라고 생각하는 분들도 계실 것이다. 내가 공들여 청소해 반짝 빛나는 공간을 보며 큰 만족감을 느끼는 분들도 계신다. 그렇다면 필터 교체를 주기적으로 해야 하는 무인 세탁소, 쾌적한 공간을 유지해야 하는 무인 스터디카페도 좋다.

무인 창업에 도전했지만, 도난이 매우 걱정된다고 하시는 분들도 있다. 그런 경우에는 도난율이 높은 아이스크림 가게나 문구점은 운영하지 않는 편이 좋다. 시간적 자유를 위해 무인 매장을 창업한 것인데, 온종일 CCTV를 보고 있을 수는 없는 일이다. '내가 원하는 시간대에, 자유롭게 매장에 방문하는 편을 선호한다'라고 생각한다면 아침 일찍 매장에 나가 청소 및 관리해야 하는 무인 스터디카페, 무인 키즈카페 같은 공간 임대업은 좋은 선택지가 아니다.

고객의 동선을 파악하라
무인 창업 시 고려할 입지적 요소

아이템과 운영 수완이 아무리 좋아도, 매장이 허허벌판에 있으면 매출이 좋을 리 없다. 이는 모두가 알고 있는 사실이다. 하지만 창업을 준비하는 사람들이 가장 어려워하는 것이 자신의 아이템에 맞는 입지를 찾는 것이다. 하지만 좋은 입지를 찾아 창업을 시작한다면, 무인 창업에서는 90% 이상 성공을 거둘 수 있다.

먼저 상권과 입지의 개념을 명확하게 정리해 보고자 한다. 상권이란 상업상의 거래가 행해지고 있는 공간적 범위를 뜻한다. 지역의 인구 수, 상가를 지을 수 있는 땅의 용도를 통해 상권의 크기를 파악할 수 있다. 상권의 경우 생활형 상권과 유흥 상권으로 나뉜다. 생활형 상권은 일상생활에 필요한 마트, 병원, 편의점, 학원 등 업종이

들어선 상권이다. 반면에 유흥 상권은 주로 노래방, 클럽, 술집 등이 입점해 있다. 입지는 쉽게 말해 상가의 위치이다. 경제 활동을 하기 위해 입점하고자 하는 장소가 바로 입지이다.

'좋은 상권', '좋은 입지'가 모든 아이템에 동일하게 적용되는 것은 아니다. 아이템마다 맞는 입지가 있기 때문에 맞는 상권을 선택하여, 좋은 입지를 찾는 것이 창업에 있어 매우 중요하다. 좋은 입지를 선택하는 기준을 잘 정해야 하는데, 이는 창업 아이템에 따라 또 달라진다. 바로 목적성과 접근성이다. 예를 들어 스터디카페의 경우 목적성이다. 사람들이 공부하기 위해 검색하고 찾아오기 때문에 굳이 사람들의 시선에 잘 보이는 메인 상가, 1층에 입점할 필요가 없다. 학교 주변이나 깔끔하고 이용이 편리한 지역에 입점하는 것이 좋다.

반면 무인 편의점이나 카페, 밀키트 전문점과 같은 업종은 접근성이 중요한 기준이 된다. 사람들이 지나가다가 발견하고는 자연스럽게 들어올 수 있는 입지에 매장이 들어서야 한다는 것이다. 사람들은 눈에 잘 보이는 매장을 먼저 이용하게 되어 있다. 그러니 유동 인구가 많은 주 동선에 입점해야 한다. 물론 단점도 있다. 접근성이 좋은 곳에는 무인 매장뿐만 아니라 유인으로 운영되는 프랜차이즈 매장도 많다. 그러므로 경쟁이 치열하다.

창업의 반 이상의 성공, 상권분석
용대표의 상권분석 Tip

무인 매장을 운영하기 위해 '상권분석'은 필수이다. 매장을 운영하는 주인이 손님들을 만나 응대하는 것이 아니기 때문이다. 소비자가 있어야 하니, 유동 인구가 많은 곳에 매장을 차리면 될까? 문구점 창업을 하면서 나는 수백 군데 임장*과 수백 명의 예비 사장님과 미팅했다. 로드뷰만 봐도 이제는 어디 동네인지 다 알 수 있는 정도가 되었다.

상권분석은 창업의 기본이지만 제일 어려운 부분이다.

처음에는 지역 동을 설정한 후 우선 첫 번째로 네이버 부동산을

---

* 현장을 방문하고 직접 가보는 것, 발품을 파는 것.

이용해서 매물을 보거나 부동산에 연락해서 보증금, 월세, 권리금, 평수를 정리해서 리스트를 추려달라고 이야기한다. 그러면 대부분 부동산에서 엄청 열심히 찾아주신다.

리스트를 가지고 방문하기 전에 상권분석부터 들어가야 한다.

1. 연령별, 성별 소비 성향

2. 지역의 소비 수준

3. 상권 내 동종업종의 점포 수

1) 월세의 함정

단순한 월세의 유혹에 빠져 상권분석을 소홀히 하는, 다음 사례에 나오는 A사장님과 같은 창업자들을 종종 만나게 된다.

월세가 저렴한 공간에 매료되어 실제 상황을 간과하는 경우가 많다. 이들은 학생들이나 어른들의 소비 동선과 거리가 맞지 않는다는 사실을 간과하곤 한다. "학교 근처라 아이들이 많지만 아이들이 다니는 동선이 아닙니다", "학원차를 다 타고 이동합니다", "주변에 어른들이 소비할 만한 가게들이 없습니다" 등 몇 개의 이유를 다 말할 수 있다.

하지만 월세에 꽂힌 사장님들은 가격만 보고 계약한다.

"월세가 100만 원이 넘지만, 소비 수준과 아이들 인구 수를 보면 무조건 들릴 수밖에 없는 동선입니다. 그곳보다는 매출이 세 배나 될 수 있습니다"라고 이야기해 드리지만 비싼 월세에 겁을 먹는 분이 많다. 그래서 상권이 좋지 않아도 월세가 저렴한 곳을 결정하기도 하는데 이는 잘못된 선택일 수 있다. 매출이 안 나오는 것도 문제지만 나중에 가게를 뺄 때도 문제가 된다.

월세가 높더라도 소비 수준, 소비 성향, 동종업종 등이 모두 받쳐준다면 무인 가게로 평균 회사원의 월급 이상을 가져간다면 무인 창업의 성공이 아닌가 나는 그렇게 생각한다.

그런데 위의 사례와 같은 사장님들이 정말 많다. 너무 안타까울 뿐이다. 월세나 위치 선택 등의 어려움을 자리 탓하는 것이 아닌, 실제 현장을 분석하고 이를 기반으로 결정하는 것이 중요하다. 소비자들의 행동 패턴과 상권 특성을 심층적으로 파악하고, 이를 바탕으로 창업 전략을 수립하는 것이 성공적인 창업의 핵심이다. 도전 과제이지만, 올바른 방향으로 조심스러운 발걸음이 성공을 이끌 수 있다.

2) 소비자 행동과 상권 특성

이번에는 소비 수준이 중요하다는 이야기를 해보려고 한다. B사장님이 계셨다. 학생 수도 엄청 많은 학원이고 동선도 정말 좋았다.

그런데 생각보다 매출이 나오지 않는 것이다. 연령별 인구 수도 높고, 소비 수준도 정말 높은 곳인데 왜 매출이 안 나올까?

이유는 학구열이 너무 높다 보니 시간에 쫓기는 아이들이 많았고, 학교 앞에 차를 대기하고 기다리는 학부모들이 많아 아이들이 문구점 문턱조차 갈 수 없는 동네였다. 그리고 주말에는 학원이 닫다 보니 거리가 휑하였고 다들 건너편에 있는 백화점으로 건너가는 걸 볼 수 있었다.

키즈 사업을 하기 위해서는 무엇이 중요할까? 아이들의 수가 중요하다. 대형 유치원은 얼마나 있는지, 아파트 단지 내 가정 어린이집의 수 및 원생 수는 얼마나 되는지 등 모두 파악해야 한다. 세대에 학생 수가 어느 정도 있으며, 학원 수도 많아야 한다.

더 나아가서 맞벌이하는 가정이 많이 있는지 없는지를 본다. 이유는 맞벌이하게 된다면 아이들을 데리고 키즈카페를 데리고 갈 시간적인 여유가 없기 때문이다.

3) 동종 업계에서의 경쟁

다음 사례는 동종 업계 수도 중요한 부분임을 알 수 있다. 2,000세대에 동종 업계가 두 개가 있었다. 이것도 업종마다 다르긴 한데 판

매업에 대해서 이야기해 보겠다.

"굳이 두 개나 있는데 똑같은 걸 창업하려는 이유가 뭘까요?"라고 물어보면 "잘 되는 거 같아서요"라고 대답한다. 사실 보이지는 않지만 두 매장은 피 터지게 지금 경쟁하는 중일 수도 있다.

그런데 그런 곳에 굳이 같이 들어가겠다고? 그럼 나는 또 설득한다. "사장님, 무인이지만 옆 가게가 한 시간 일할 때 사장님은 두세 배로 일하셔야 해요. 그리고 여기서 살아남을 각오로 열심히 하셔야 합니다. 그런 각오가 있으시면 하세요"라고 이야기한다.

동종 업계 점포 수만 보는 것이 아니라 그 가게 앞에서 종일 서서 철저하게 분석해야 한다. 하루 방문 수부터 시작해서 제일 잘 나가는 상품 등 하루가 아니라 거의 몇 날 며칠을 서 있어야 할지 모른다.

4) 임장을 통한 현장 파악 _____

임장하는 방법에 대해서 살짝 알아보자. 이번엔 셀프 빨래방 이야기를 해보려고 한다. 빨래방은 당연히 오피스텔 상권이 최적이다. 그렇지만 오피스텔 세대 수만 보고 들어가면 안 된다. 밤에 가봐서 불이 켜져서 얼마나 사람들이 살고 있는지 확인해야 한다. 요즘에는 유령 오피스텔이 많다 보니 확인이 되지 않는다. 당연히 초보 창업자들은 높은 오피스텔 건물만 보고 무조건 차려야지 하는 경우가 있다. 오피스텔, 원룸 상권분석은 늦은 저녁 시간에 가서 보는 걸 추천한다.

홍대에는 무인 사진관이 몇십 개가 있다. 가 보고 많이 놀랐다. 그런데 잘 되는 곳이 따로 있었다.

신호등 사거리에 유동이 많아서 그곳에 있으면 잘 될 것이라 생각했지만 사람들이 빨리 건너야 하기 때문에 많은 고객이 오지 않았다. 오히려 휴게업소로 올라가는 길목 프리마켓도 같이 하는 좁은 골목에 있는 사진관 앞에 줄이 서 있는 것을 볼 수 있었다.

무엇보다 사람들의 동선과 머무는 곳이 중요하다. 임장에서 중점적으로 살펴봐야 할 부분이다.

5) 상권분석의 의지와 태도

이렇게 업종마다 다니는 시간, 동선, 임장을 가 보면 새롭다. 내가 제일 좋아하는 것은 상권분석이다. 나는 종일 매물을 보면서 예비 사장님들과 자리 찾는 것을 제일 좋아한다. 사장님과 인연이 된 상가를 만났을 때 기분은 첫눈에 반한 사람을 만났을 때 느낌일 것이다. 첫 단추를 잘 껴야 하듯이 나는 임장이 창업 성공 확률의 절반 이상을 좌우한다고 생각한다.

상권을 두 달 동안 같이 찾아본 사장님이 계셨다. "대표님 상가도 아닌데 왜 그렇게 힘들게 찾아주고 계세요?" 같은 질문도 받은 경우가 많다. 브랜드를 믿고 찾아주신 것도 감사한 일이기도 하지만 창업을 꼭 하겠다는 의지로 열심히 찾고 또 찾고 하는 사장님을 보면 옆에서 같이 힘쓰지 않을 수가 없다. 상가를 찾는 태도만 봐도 창업

나는 무인 매장으로 퇴사합니다

의 성공을 할지 실패할지 보인다.

"친정이 부산이라 부산이나, 서울이나, 김포요" 같이 구체적인 지역조차 없는 사람.

"창업하고 싶어요, 자리만 찾아주세요" 같이 네가 다 알아서 해달라는 사람.

"여기 어때요?" 임장은 안 가 보고 펑거서치해서 링크만 보내는 사람.

상권분석을 다니다 보면 창업을 시작조차 해서는 안 되는 사람들이 많다.

추가로 매장의 거리는 자기 거주지나 직장에서 가까운 곳이 좋다. 20분 이내로 접근할 수 있는 위치여야 자주 매장에 나가볼 수 있기 때문에 관리도 수월하다. 매장에 방문하는 데 드는 교통비가 많이 들어, 고정 지출비용이 많지 않도록 하는 것도 입지 선정에 있어 중요한 요소이다.

홍보와 마케팅은 필수

멤버십, 포인트, 이벤트

사람들이 자주 방문하는 매장에는 이유가 있다. 그 매장을 이용할 때 자신이 얻는 이익이 있다고 생각하면 다시 찾는다. 이는 단순하게 금액적인 부분만을 말하는 것이 아니다. 고객이 매장을 이용하면서 얻는 기분과 서비스에 대한 만족도 등 모든 것이 매장의 매력이 된다. 사람이 서비스를 제공하기 어려운 무인 매장의 경우, 이를 가장 극대화할 수 있는 것은 멤버십과 포인트, 이벤트 제도이다. 매장을 방문하여 상품을 구매할 때마다 주어지는 무언가가 있다면, 다소 번거롭더라도 고객들은 회원이 되고, 단골이 되고, 주변 사람들을 매장으로 끌어온다.

멤버십 제도라면, 가장 먼저 떠올릴 수 있는 것이 멤버십 카드 발

나는 무인 매장으로 퇴사합니다

급이다. 멤버십은 단골손님을 만드는 효과적인 방법이다. 요즘은 앱을 통해 회원 카드를 만드는 것이 보편적이다. 매장에 QR코드를 두면, 큰 시간과 품을 들이지 않고도 회원가입이 가능하다.

주로 이런 형태로 운영하는 곳이 스터디카페이다. 하루 이용 고객보다는 자신의 아이디로 기간권이나 시간권을 구매하는 경우가 많다. 하루 이용이 아닌 회원권을 구매하는 경우, 서비스 개념으로 추가 적립금을 부여하는 것이다. 예를 들어 금액에 따라 10%에서 20%의 적립금을 부여한다면, 이를 얻기 위해 더욱 높은 비용의 시간권 및 기간권을 구매할 가능성이 높다.

무인 카페도 멤버십 제도를 활용할 수 있다. 이미 유인 카페에서는 멤버십 제도를 활용하여 두꺼운 고객층을 유지하고 있다. 비슷하게 무인 카페에도 멤버십에 가입하면 전 메뉴를 할인한다든지, 생일마다 무료 음료를 제공한다든지 여러 방식으로 멤버십 제도를 운용할 수 있다. 편의점도 멤버십 제도를 만들어 적립과 할인 적용, 제휴할인을 하면 된다.

재방문율을 높일 수 있는 홍보와 마케팅 방법에는 '포인트 지급'도 있다. 이용 금액에 따라 포인트를 지급하면, 고객은 돈을 지출하면서도 그만큼의 보상을 받는 듯한 만족감을 얻는다. 그리고 그 포인트를 사용하기 위해 다시 매장에 방문한다.

상시로 포인트를 지급하는 방법도 있지만, 한시적으로 포인트를 지급하는 제도를 만들어 운영해도 된다. 예를 들어 신제품 등 고객들에게 홍보해야 하는 상품이 있을 때, 한시적으로 포인트를 많이 지급할 수 있다. 계절이나 시즌을 타는 상품의 경우에도 포인트 비율을 조절하여 상품을 판매하는 것이 가능하다.

위와 같은 방법들을 통틀어 '회원제 마케팅'이라고 정리할 수 있다. 즉 단골손님을 확보하는 것이다. 이러한 마케팅이 주는 장점이라면 무엇보다 안정성과 지속성이다. 재방문하는 고객들을 통해 지속적인 수입을 기대할 수 있으며, 이 고객들이 입소문을 내준다면 다른 고객들까지 확보할 수 있다. 멤버십과 포인트 제도를 활용하며, 사람들의 구매 욕구를 상승시킬 수 있는 이벤트를 운영한다면 더욱 많은 고객과 매출을 확보할 수 있다.

업종마다 진행하는 이벤트는 다양하다. 예를 들어 무인 아이스크림 매장에서 상시 이벤트로 사다리 게임을 이용하는 경우도 보았다. 일정 금액 이상 고객이 영수증에 자신의 이름과 연락처를 남기면, 이 고객들을 대상으로 한 달에 한 번씩 추첨을 진행하는 것이다. 3,000원, 5,000원, 10,000원 등의 금액을 걸어 추첨을 진행하면, 그 고객들은 그 금액을 사용하러 다시 가게를 방문할 것이다.

흔히 아는 밸런타인데이, 빼빼로데이, 할로윈 등 특별한 날 앞뒤로 이벤트를 진행하는 것도 좋은 방법이다. 팔리지 않는 재고 상품을 할인 이벤트를 활용하여 판매할 수도 있다. 다른 매장, 업종에서 진행하는 이벤트를 눈여겨보자. 그리고 자신의 무인 매장에 적용해보자. 잘 활용하면 고객과 직접 마주하지 않고도 고객이 즐거워하는 특별 서비스를 제공하는 셈이 된다.

무인 매장에도
책임감이 중요하다

책임감, 내가 하는 모든 일, 내 행동으로 인해 발생하는 모든 결과를 부담하려는 마음가짐을 의미한다. 대부분 사람은 '좋은 결과'를 바라면서, '나쁜 결과'를 수용하려고 하지 않는다. 때로는 이를 '운이 나빴다'라는 말로 치부하여 넘어가기도 한다. 하지만 모든 결과는 나로부터 발생한 것이다. 내 순간의 행동과 결정이 그대로 결과로써 드러난 것이기에 분석 없이 부정만 해서는 안 된다.

나쁜 결과를 방지하기 위해서 과정의 책임감이 필요하다. 무인 매장 창업에서도 마찬가지이다. 다시 한번 강조하지만 무인 매장을 운영하면서 얻는 자유로움은 그만큼의 희생도 요구한다. 단순히 사람이 없기에 발생하는 도난과 불안함만이 희생이 아니다. 오히려 사람이 없이 사람의 마음을 사기 위해 들여야 하는 노력이 대면 서비스보다 어려울 수도 있다는 사실을 직시해야 한다.

나는 무인 창업을 하면서 책임감을 또 다르게 정의한다. '나의 부재로 인해 고객들이 손해를 입지 않게끔 하는 것', 이것이 내가 무인 사업을 하면서 내린 책임감의 정의이다. 나의 돈을 소중하게 생각한다면, 내 매장을 방문하는 사람들의 돈도 소중하게 생각해야 한다. 무인이니까 또는 유인 매장보다 저렴하니까 고객들이 저렴한 서비스를 누려야 할 이유는 없다. 오히려 무인의 장점이 고객들에게 나은 서비스로 여겨지도록 최선을 다하는 것이 내가 지닌 책임감에 있어서 핵심이다.

그러므로 나의 매장과 더불어 내 매장을 오가는 고객들의 이익을 책임져야 한다. 이를 위해 할 수 있는 노력이 무엇일까? 먼저 고객의 니즈를 재빠르게 파악하는 일이다. 이는 고객이 필요로 하는 상품을 매대에 진열하는 일, 유행하는 상품을 알고 고객에게 소개하는 일이 될 수도 있지만 여기서 더 나아가야 한다. 매장에 CCTV가 있는 이유는 단순히 도난을 방지하기 위한 것이 아니다. 내 고객이 나의 매장을 이용하며 불편한 것은 없는지 확인하기 위해 CCTV가 있다. 만약 나의 부재로 인해 제대로 된 서비스가 이뤄지지 않았다면, 그러한 불편이 다시 되풀이되지 않도록 방지책을 마련해야 한다. 그래야 고객은 자신의 요구를 점주가 수용하고 있다는 점을 느끼고 매장을 다시 찾는다.

고객이 매장을 통해 받는 인상에도 책임져야 한다. 우리도 집에 들어갔을 때 청소 상태가 좋지 않으면 마음이 좋지 않다. 혹여 나의 아이들이 집 안을 어질러 놓았다면 아이들에게 화를 내기도 한다. 내 집의 정돈된 상태가 사람들에게 안정과 기쁨을 준다는 사실을 깨닫는다면, 내 매장의 상태도 방문한 고객들의 기분을 좌지우지할 수 있다는 점을 기억해야 한다. 상상해 보라. 매장에서 마음에 드는 제품을 발견하여 집어 들었는데, 그 제품에 쌓인 먼지가 내 손에 묻어난다면 불쾌할 것이다. 이런 부정적인 감정이 내 매장으로 인해서 생기도록 해서는 안 된다.

책임감, 의미를 받아들이기는 쉽지만 실행하기에는 어렵다. 이는 창업 이후 발생하는 어려움 때문이기도 하다. 매일 비슷하게 흘러가면 오히려 내가 할 일을 하나의 루틴처럼 지켜낼 수 있지만, 사업이라는 게 그렇지 않다. 예상치 못한 어려움에 봉착하고 대비해야 하는 것들이 많아지면, 창업을 시작했을 때의 자신감이 사라지기도 한다. 그러니 의지가 꺾이고, 나는 사업에 맞지 않는 사람인지 고민하게 되는 것이다.

그렇다고 어려운 하루를 버티는 것으로 넘겨서는 안 된다. 작게는 내 하루와 벌이에 책임진다는 마음으로, 크게는 나를 믿고 투자하 무인이지만 깔끔하고 너무 쾌적해요.
곧 크리스마스라서 이벤트처럼 이쁘게 꾸며진 키즈룸이라
들어서자마자 환호성을 질렀답니다.
아이도 신나하면서 다양한 장난감과 미끄럼틀을 타고 7개월
된 아이도 호기심을 가지면서 노는 모습이 보기 좋았어요!
안전하게 장난감도 준비되어 있고 시설도 쾌적하니
자주 놀러와야겠어요.

무인키즈룸 여러 곳 가봤는데 놀거리 정말 풍부하고
무엇보다 깔끔해서 너무 좋아요!
많은 사람들이 이용하다보면
장난감이 낡거나 고장나는 경우를 많이 봐서 그려려니 하는데
모두 작동이 잘 되서 아이들이 재밌게 놀았어요.
예쁘게 꾸며놔서 앉으면 포토존이라
엄마는 예쁜 사진까지 많이 건져서 더 좋았어요:)
다음에 또 올게요~

갈 때마다 느끼는 거지만 사장님께서
정말 신경 많이 쓰시는 걸 느껴요.
전체적으로 너무 깔끔해요.
심지어 휴지통에서 향기가 납니다. 믿기지 않겠지만 진짜로….
햇반&김 무료 제공도 너무 감사드려요.
쾌적하고 깨끗한 환경에서 너무 잘 놀다갑니다.
장난감도 다양해서 여자, 남자 아이 구분없이
너무 재밌게 놀았어요. ♥

→ 무인 매장 후기

는 가족들을 책임진다는 마음으로 극복해 보는 것은 어떨까? 그리
고 내 매장을 방문하는 사람들도 그러한 마음으로 살아간다는 사
실을 기억하라. 최소한 매장을 운영하는 나의 존재와 하루가 나와
나의 가족, 고객의 일상에 피해를 줘서는 안 된다.

내가 생각하는 사장의 이미지는 뒷짐 지고 매장에 서서 매출을 바라보는 사람이 아니다. 오히려 고객의 마음을 읽어내려 귀를 기울이고 다가서는 이미지가 옳은 사장의 모습이라고 생각한다. 매출은 고객의 마음을 내 마음처럼 읽고, 고객의 마음에 들도록 내가 움직였을 때 발생하는 것이다. 무인 매장이라고 결코 쉽게 보지 말자. 다시 강조하지만, 무인 매장이라고 매장에서 내가 없어서는 안 된다. 오히려 점주가 늘 고객의 곁에 있다는 인상을 줄 수 있도록 부단히 노력하는 것, 그것이 무인 매장 창업을 대하는 우리가 지닐 책임감이다.

나는 무인 매장으로 퇴사합니다

상권분석
한눈에 알아보기

1. 소상공인시장진흥공단 상권정보 시스템(sg.sbiz.or.kr)

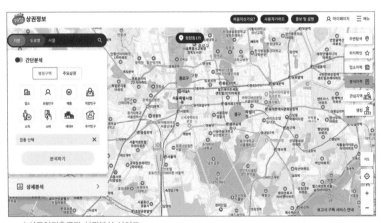

→ 소상공인진흥공단 상권분석 사이트

    소상공인시장진흥공단에서 제공하는 사이트이다. 회원가입 후 사용할 수 있으며 상권분석, 매출분석, 경쟁분석, 입지분석, 수익분석이 가능하다. 인구분석에서는 유동인구, 주거인구, 직장인구로 세분화할 수 있는 장점이 있다.

원하는 업종을 선택하더라도 유사업종에 대해서도 분석이 가능하다.

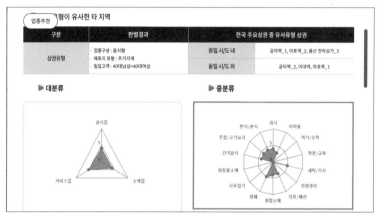

→ 소상공인진흥공단 상권분석 사이트

→ 소상공인진흥공단 상권분석 사이트

나는 무인 매장으로 퇴사합니다

내가 가장 많이 사용하는 입지현황이다. 순번대로 입지의 매출 증
감현황도 볼 수 있도록 편하게 분석을 해준다.

입지번호	업소당 월평균 매출건수	매출건수 증감 (전년동월대비)	업소수	업소수 증감 (전년동월대비)	인근 주소
③	1,871	▲ 482 (20.0)	965	▼ 186 (24.0)	-
⑦	763	▲ 111 (13.0)	654	▼ 37 (6.0)	서울특별시 마포구 마포대로11길
②	2,859	▲ 67 (2.0)	1,275	▼ 461 (57.0)	서울특별시 마포구 마포대로11길
①	171	▼ 14 (9.0)	36	▲ 19 (35.0)	-
⑥	1,403	▼ 79 (6.0)	603	▼ 14 (2.0)	서울특별시 마포구 마포대로11길
⑤	2,498	▼ 142 (6.0)	409	▼ 7 (2.0)	서울특별시 마포구 마포대로11길

기준:2023년 11월, 단위:개,%

→ 소상공인진흥공단 상권분석 사이트

홈페이지 상단에는 사용자 가이드가 명확하게 안내되어 있으며, 상
권분석부터 창업 진단까지 포함된 창업 진단 서비스를 제공하여 예비

→ 소상공인진흥공단 상권분석 사이트

창업자들의 궁금증을 해결할 수 있다. 이 사이트는 처음 이용하는 사용자들도 쉽게 이해하고 활용할 수 있도록 구성되어 있으며, 무료로 제공되는 유용한 정보를 통해 창업에 대한 분석을 할 수 있다.

2. 마이프차(https://myfranchise.kr/)

상권분석과 브랜드별 매출, 창업 비용, 가맹점 수를 한눈에 비교할 수 있도록 만든 사이트이다. 장점은 내가 창업하고자 하는 브랜드를 검색해서 매장 수를 한눈에 볼 수 있으며, 창업 비용까지 나와있어서 편리하다.

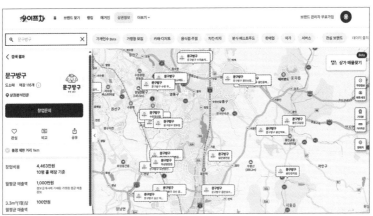

→ 마이프차 사이트

무료서비스와 파트너서비스로 구성된 사이트는 스탠다드 회원으로 가입하면 한눈에 배후세대, 가구 수, 학생수(남, 여), 학원, 병원 등

과 같은 다양한 정보를 파악할 수 있어, 상권분석에 필요한 정확한
정보를 얻을 수 있다.

→ 마이프차 사이트

또한 이 사이트를 통해 지역의 매출 추이, 연령 및 성별별 월간 매
출, 그리고 업종별 평균매출 등을 분석하여 해당 업종이 특정 지역에
적합한지를 확인할 수 있다.

예를 들어 만약 특정 지역의 소비층이 주로 50대 이상이거나 60대
이상이라면 키즈카페 창업은 그 지역에 적합하지 않을 수 있다. 또한
음식점 업종인 경우에는 일식, 한식, 양식 등이 있을 때 해당 지역에
소매업이 부족한 경우 매출이 낮을 수밖에 없다. 이렇게 정확한 데이
터를 통해 업종 선택에 도움을 받을 수 있다.

순위	업종	매출		순위	업종	매출
1위	피자	1억 8,638만 원		11위	분식	5,584만 원
2위	중식	1억 3,540만 원		12위	생활서비스	5,542만 원
3위	도소매	9,261만 원		13위	편의점	5,478만 원
4위	제과제빵	8,815만 원		14위	주점	4,373만 원
5위	패스트푸드	8,766만 원		15위	여가·오락	4,149만 원
6위	양식	7,471만 원		16위	치킨	3,432만 원
7위	한식	7,067만 원		17위	커피	2,797만 원
8위	일식	6,896만 원		18위	디저트	1,849만 원
9위	별식·퓨전요리	6,500만 원		19위	빨래방	922만 원
10위	교육·유아	5,606만 원		20위	스터디카페·독서실	549만 원

→ 마이프차 사이트

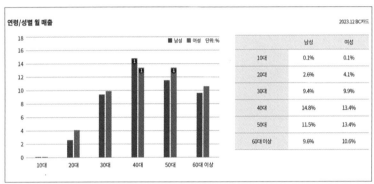

	남성	여성
10대	0.1%	0.1%
20대	2.6%	4.1%
30대	9.4%	9.9%
40대	14.8%	13.4%
50대	11.5%	13.4%
60대 이상	9.6%	10.6%

→ 마이프차 사이트

3. 통계지리정보서비스(https://sgis.kostat.go.kr/)

통계청에서 만든 통계지리정보서비스는 업종통계지도, 정책통계지도, 일자리맵 등 말 그대로 통계를 볼 수 있는 유용한 사이트이다.

지역을 설정하여 총 가구 수, 인구 수, 출생, 사망자까지 인구 수를 통계로 알 수 있다. 또 지역설정 후 업종에 관한 부분도 통계를 볼 수 있어 업종선택에 도움이 된다.

나는 무인 매장으로 퇴사합니다

→ 통계지리정보서비스 사이트

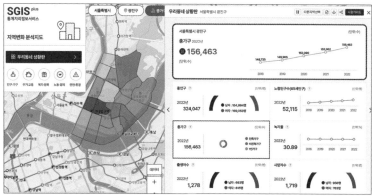

→ 통계지리정보서비스 사이트

그 밖의 사이트

나이스비즈맵(https://m.nicebizmap.co.kr/)

KB부동산 리브온 내 상권분석 시스템(onland.kbstar.com)

서울시 우리마을가게 상권분석 서비스(golmok.seoul.go.kr)

온더맵(https://www.onthemap.kr/)

직영점 5개로 깨달은
진열 노하우

고객이 처음 당신의 무인 매장에 방문한 것은 우연일 것이다. 하지만 고객의 발을 점포에 오래 붙잡아 두고, 다시 방문하도록 하는 일은 결코 우연이 아니다. 사람들이 계속 찾는 매장을 만들기 위해 중요한 것은 무엇일까? 가격? 접근성? 그보다 중요한 것은 바로 '진열'이다.

무인 매장을 운영하는 데 있어 좋은 진열은 필수적이다. 무인 매장은 물건을 찾고 고르는 일을 모두 고객이 스스로 해야 한다. 상주 직원이 없기 때문에 제품을 찾지 못해도 도움을 줄 수 없다. 단순히 고객에게 정돈된 인상을 주기 위한 부수적인 요소가 아니라는 사실을 염두에 두고, 고객의 시선으로 진열해야 한다.

문구점의 경우 작은 비품들이 많다. 또한 고객들이 제품을 바로 구매하는 것이 아니라, 이것저것 만져보고 꺼내본다. 그래서 제품이 흐트러지는 경우가 많다. 이를 정리하지 않는다면, 고객들이 매장의 문을 열어 맞닥뜨리는 것은 어지럽게 널려 있는 상품일 것이며, 제품을 찾기에도 어려움을 줄 것이다.

특히 진열이 중요한 무인 문구점을 운영하며 얻은 진열 노하우, 지금부터 하나씩 소개하고자 한다.

1. 구분진열법

구분진열법은 기준에 따라 섹션을 나누어 제품을 진열해 놓는 것이다. 여기서 기준이라면 단순하게 제품 종류를 떠올릴 수도 있겠지만, 더 큰 범주로 제품 코너를 만들어야 한다.

예를 들어 여아와 남아, 초등 저학년과 고학년, 사무용품, 학용품, 식품 등을 기준으로 구간을 나눈다. 그리고 제품군이 많은 기준으로 큰 구간, 작은 구간을 정해 배치한다. 매장을 찾은 고객들이 감각적으로 자신이 찾는 제품이 있는 곳으로 향할 수 있도록 제품 코너의 느낌을 주는 방법도 좋다. 이렇게 큰 기준으로 구간을 나눈 다음, 다시 작은 기준을 세워야 한다. 예로 제품의 용도가 비슷한 것들을 무리 지어 보는 것이다. 색종이, 풀, 가위, 이렇게 용도가 같은 것들끼

→ 정리가 안 된 진열

리는 나란히 진열해 놓아야 한다. 그렇게 한다면 고객이 제품을 보며, 자신이 미처 생각하지 못한 제품을 떠올리고 구입할 수도 있다.

하나의 제품도 그 제품의 구간을 명확히 해야 한다. 제품을 낱개로 진열하는 것보다는 박스로 진열하는 게 좋다는 얘기다. 위의 두 번째 사진처럼 박스로 진열하지 않고, 낱개로 진열하다 보면 제품이 자투리 상품처럼 보여 구매 욕구를 떨어뜨릴 수 있다. 게다가 고객들이 물건을 만지다가 아무 데나 얹어 놓고 가는 경우도 허다하다. 이런 일이 빈번할수록 점주도 제품을 정리하기 어려워진다. 그러니 상품의 자리가 어디인지 파악하기 편하도록 잘 구분해야 한다.

2. 연관진열법

매장을 운영하는 사람은 자신이 파는 제품이 무엇인지, 어떻게 사용되는지에 대해 정확하게 파악하고 있어야 한다. 이러한 지식은 진열에도 도움을 준다. 이마트 같은 대형마트에는 판매기법만 연구하는 전문 인력이 있지만, 우리 같은 소상공인들이 진열에 전문 인력을 투입하기는 어렵다. 그렇다고 전문성 없이 제품을 진열해서는 안된다. 그럴수록 기본에 충실해야 한다.

그 기본 중 하나가 바로 연관진열이다. 연관진열이라는 것은 제품과 제품의 연관성을 생각하며 제품을 진열하는 것이다. 예를 들어 실내화를 판다고 가정했을 때, 옆에 지비츠*를 같이 진열하면 좋다. 포토카드를 판매할 경우, 카드를 보관할 수 있는 포토앨범을 같이 진열하면 된다. 풍선 옆에는 파티용품을 진열하고, 와인 옆에는 치즈를 진열한다. 그렇다면 맥주의 경우 옆에 무엇을 진열하면 좋을까? 어렵지 않게 떠올렸을 것이다. 바로 오징어와 땅콩과 같은 안주류이다. 이렇게 연관 상품을 진열하여 매출을 자연스럽게 높이는 것이 연관진열이다.

---

* 신발 구멍에 끼우는 아기자기한 액세서리

3. 배치진열법

마트에 들어서면 어떤 상품이 가장 먼저 눈길을 끌까? 바로 과일이다. 과일은 계절상품이다. 그 계절에 나오는 과일을 보며 사람들은 매장의 활기를 오감으로 느낀다. 신상품이 나왔다는, 그래서 매장이 항상 때맞춰 활기차게 새 제품을 구비하고 있다는 것을 진열로 대변하는 것이 바로 배치진열법이다.

신상품이 나오면 어디에 배치해야 할까? 바로 매장 입구 쪽이다. 새로운 상품이 나올 때마다 입구에 있는 상품이 교체되므로, 매장이 새로운 상품을 유입하고 있다는 느낌을 준다. 이에 더해 매장이 계속 바뀌고 있다는 인상을 주기도 한다. 이는 무인 매장이지만, 매장의 주인이 늘 매장을 신경 쓰며 관리하고 있다는 사실을 고객에게 인지시키는 것이기도 하다. 이는 자연스럽게 고객의 주머니를 여는 매출로 연결된다.

4. 색감진열법

'컬러 테라피'라는 단어가 있다. 컬러가 심리에 미치는 영향을 보여주는 단어이다. 컬러가 일으키는 긍정적인 감정은 소비로도 이어진다. 그러니 제품 진열에 있어서도 색감이 가지고 있는 이미지를 잘 활용해야 한다.

고객이 매장에 들어갔을 때, 바로 눈에 띄는 자리에는 화사한 색감의 상품을 진열하는 것을 추천해 드린다. 매장 전체의 분위기에 활기를 주기 때문이다. 어두운 톤의 물건을 앞쪽으로 진열한다면 자연스럽게 매장의 분위기도 어두워질 것이다.

특히 여성 고객들은 남성 고객들과 달리 무리 지어 다니는 경우가 많다. 또 오랜 시간을 들여 꼼꼼하게 쇼핑한다. 매장 앞쪽에 화사한 색감의 상품을 비치하면 여성들이 매장 입구에 오래 서서 쇼핑하게 된다. 이 모습은 매장 밖에 있는 잠재적 고객의 발걸음을 매장 안으로 이끈다. 사람들이 모여 있으면 무엇을 파는지 궁금해지기 때문이다. 사람들에게 필요한, 재미있는 상품이 있는지 들여다보게 된다. 매장이 붐비게 보이는 시각적인 효과를 절대 무시하지 마시기를 바란다.

상품 진열에 있어서 색감은 아주 중요하다. 예를 들어 바나나 옆에 망고를 진열하면, 두 상품의 색이 비슷하기에 두 상품 다 눈에 들어오지 않는다. 빨간 사과 옆에 빨간 딸기가 나란히 놓여 있는 경우도 마찬가지다. 두 상품 모두 빨갛다는 인상만 줄 뿐 어느 제품도 튀지 않는다. 빨간 사과 옆에 초록색 샤인머스캣을 두면 어떨까? 두 상품 다 눈에 잘 띈다. 빨간 사과 옆에 초록 샤인머스캣, 그 옆에 빨간 딸기를 나란히 배치한다면 이를 보는 고객들의 구매 욕구도 훨씬 샘솟을 것이다. 그러므로 아이스크림이나 음료를 배치할 때도 이런

→ 진열의 예시

색감의 대비를 고려하여 제품을 배치하여야 한다. 초록 사이다 옆에 놓인 빨간 콜라. 우리가 떠올리는 음료들의 대표 색상은 결코 우연이 아닐 수도 있다.

구분진열법, 연관진열법, 배치진열법, 색감진열법, 이렇게 네 가지의 진열법을 소개하였다. 이와 함께 진열과 관련된 중요한 팁을 하나 더 알려드리고자 한다. 바로 '진열의 높이와 시선'이다. 대개 사람이 한눈에 볼 수 있는 진열대의 범위가 어딜까? 3~4단, 즉 90~120cm

정도이다. 보통 중앙 매대를 제작할 때, 사람의 시선 높이에 맞춘 4단까지 만든다. 바로 안정감을 주기 위해서다. 그리고 사람의 시선은 대체로 왼쪽에서 오른쪽으로 이동한다. 그렇다면 진열대 중 가장 눈에 띄는 자리가 어디일까? 위에서 2~3번째 줄, 오른쪽이다.

이 자리에는 잘 나가지 않는 재고 상품을 배치하는 것이 좋다. 그리고 사람들의 시선이 많이 머무는 자리이기 때문에 주기적으로 상품을 교체한다. 재고 상품의 매출 증가와 더불어, 고객에게 이 매장에는 늘 새로운 제품이 구비된다는 이미지를 전달하는 이게 바로 꿀팁이다!

Chapter 4

성장의
흐름을
지속하라

장사꾼과 사업가의 마인드
지속 가능한 성장을 만드는 차이

살아가는 데 있어 돈이 얼마나 중요한지를 누구나 절실하게 느끼고 있을 것이다. 돈이 행복의 전부는 아니지만, 최소한 불행은 막을 수 있다는 말이 있는 만큼 돈은 사람에게 안정감과 위로감을 준다. 하지만 돈이 중요하다고 해서, 이익에 전전해서는 안 된다. 창업하며 이루고자 하는 성장과 완성은 단숨에 끝나는 것이 아니다. 지속 가능한 성장을 만드는 차이는 바로 이 '돈'과 '미래'를 바라보는 관점에 있다.

장사꾼이 무엇인가? 사전적으로 장사꾼은 '장사하는 사람을 낮잡아 이르는 말'이라고 정의된다. 사업가는 '사업을 계획하고 경영하는 사람'이다. 바로 이 '계획'과 '경영'에 중요한 핵심이 있다고 본다.

장사꾼은 이익을 얻기 위해 제품을 사고파는 일을 목표로 한다. 돈이 목적이기에 매출에만 전전긍긍한다. 그리는 청사진이 뚜렷하지 않다.

이러한 마인드를 가진 사람들의 행동이 어떻게 나타날지를 떠올려 보자. 이들에게는 내일이 없기 때문에, 당장 비싼 값에 자신의 상품을 파는 일만이 중요하다. 방문한 고객들이 자신의 가게에 대해 어떤 인상을 가질 것인지, 다시 방문할 것인지에 대한 고민이 없다. 창업한 뒤에는 빠른 시간 내 매출을 발생시키고, 시세차익을 남겨 팔려고 애쓴다. 돈이 목적이니, 자신의 제품뿐만 아니라 고용된 사람들도 돈을 벌기 위한 수단으로 생각한다. 그러니 매출과 실적만을 외치며 직원들을 괴롭게 한다.

사업가는 다르다. 사업은 현재의 이익이 중요하지 않다는 것을 안다. 사업가는 미래를 바라본다. 자신이 시작한 창업이 10년 후, 20년 후 어떻게 성장할지를 예측하며, 이를 실현하고자 계획한다. 그러니 사업의 확장성을 분석하며 회사 운영에 대해 늘 고심한다. 사업가들은 지속가능성을 보기 때문에, 모든 고객을 자신의 이윤을 위한 일시적인 수단으로 여기지 않는다. 그러니 돈뿐만이 아니라 타인과 세상에 도움이 될 수 있는 사업 목표를 정한다. 그 목표에 맞춰 사업을 운영하는 회사의 원칙이 있다.

즉 원칙과 시스템을 구축하는 것을 사업의 기초와 기반으로 삼는다. 관리 체계를 갖추고 있고, 그 체계에 따라 회사가 움직인다. 사장과 직원들의 역할 분담이 명확하다. 직원들은 각각의 역량을 지닌 사람들로, 사업가는 그 역량을 파악하고 활용할 줄 안다. 다소 부족하더라도 1인 이상의 역량을 낼 수 있을 때까지 응원하며 신뢰로서 한 팀이 되어가는 과정 자체도 시스템화한다. 만약 사장이 자리를 비울지라도 시스템은 작동한다. 그러니 불시에 문제가 발생할지라도 사업의 존폐로 이어지지 않는다. 창업한다면 이러한 시스템을 구축할 줄 알아야 한다.

시스템의 구축은 자신이 하는 사업이 미칠 파장을 늘 고려한다. 긍정적인 파장이라면, 이에 대해 배우고자 하는 사람들이 생겨날 것이다. 그러니 점차 매장을 확장하여 지점을 세우고, 함께 발전할 수 있을지에 대해 고심하게 된다. 그럴수록 시스템은 중요하다. 내부의 시스템이 잘 갖춰져 매장을 오토 센터로 운영할 수 있도록 한다면 그 사업은 성공에 가까워질 수 있다. 사람들이 몰리니 고객을 모으는 방법에 더하여 그들을 재방문하도록 하는 마케팅도 중요하다. 이는 사업의 구성원인 직원들의 비전에도 영향을 미친다. 자신과 사업의 목표를 알고 함께 꿈꿀 수 있는 좋은 인재를 뽑고, 이들과 함께 원하는 사업을 한다면, 당신은 성공적인 사업가가 될 것이다.

성공이라는 미래를 보니 목표가 있다. 돈을 어떻게 벌 것인가, 어떻게 부자가 될 것인가, 부자가 되어 무엇을 할 것인가에 대한 계획이 머릿속에 있어야 한다. 그렇다면 당장 할 수 있는 일은 무엇인가? 당장 할 수 있는 일은 성공적인 시스템을 갖춘 회사, 사업가들의 이야기를 찾고, 그들의 마인드를 배우는 것이다. 요즘은 관련된 책도 많다. 사업을 일구기 위해 저자가 쏟은 시간, 지혜, 실패와 성공과정을 집약해 놓은 책들은 간접적인 체험을 할 수 있는 좋은 방법이다. 부자들의 생활패턴을 분석하여 제시해 주는 책들도 많다. 재밌게도 그들의 이야기를 읽다 보면 성공한 사람들은 모두 책을 읽으며 자신의 오늘과 미래를 다져 나갔다는 것을 알 수 있다.

'패배하지 않는 승부를 하기 위해서'라는 구절을 좋아하고 늘 되새긴다. 일본의 기업 PR 전문가인 사쿠라가와 신이치가 자신의 책인 『부의 시작』에서 한 말이다. 창업에 뛰어든다는 일은 리스크를 감내하는 일이다. 하지만 무인 창업을 꿈꾸는 사람들은 큰 리스크를 감내할 수 있는 여력이 크지 않다. 그러니 리스크를 줄여야 성공한다. 소자본 창업은 결코 작은 창업이 아니다. 미래를 여는 원대한 출발이 당신이 하고자 하는 무인 창업이 될 수 있다. 패배하지 않기 위해, 사업가의 마인드를 필수로 갖춰라.

장사가 안 되는 건
손님 탓이 아니라 내 탓

나는 가끔 기업가들이 창업 및 매장 되살리기를 도와주는 TV 프로그램을 시청한다. 프로그램을 통해 내가 깨닫는 것은 장사가 안 되는 데는 이유가 있다는 것이다. 이를 받아들이는 점주들도 있지만, 앓는 이야기를 하는 점주들도 많은데, 그들의 원망의 대상은 주로 상황과 손님 탓이다. 장사가 안 되는 건 손님들이 찾지 않기 때문이라는 것인데, 이 당연한 말에 담긴 핵심을 찾지 않는다. 생각이 여기서 끝나면 안 된다. 손님들이 찾지 않는 이유가 무엇인지를 파악하고, 이를 개선하는 것이 매장 주인의 할 일이다.

내 가맹점들을 둘러보면 장사가 잘 되는 곳도 있지만, 되지 않는 곳도 있다. 내가 발로 뛰어 정한 상권에서 상가를 계약했지만, 자리가 좋아도 장사가 잘되지 않는 것이다. 유동 인구가 많은데 왜 사람들이 발길을 멈추지 않을까, 단골이 생기지 않을까를 질문하다 보면 매장의 문제가 속속들이 드러난다.

사례를 통해 설명해보겠다. 먼저 지나친 자신감으로 매장 운영에 어려움이 부닥친 경우가 있다. 그 점주님의 경우 이미 상가를 계약한 뒤에 나를 찾아오셨다. 내가 보았을 때도 상가의 위치가 괜찮았기에 꽤 안목이 있으며 능동적이고 진취적인 분이라고 생각했다. 그런데 몇 번 만남을 갖는 과정에서 문제점이 보이기 시작했다. "내가 다 알아서 할 테니 당신은 이것만 해주세요"라는 자세로, 나에게 큰소리를 치셨다.

내가 만약에 고객이었다면 점주를 마주하고 싶지 않겠다는 생각이 들 정도로 상대방을 대할 때 고자세로 다가서는 분이셨다. 그러니 나는 절로 한걸음 뒤로 물러날 수밖에 없었다. 인테리어를 하는 과정에서도 마찬가지였다. 늘 저렴한 자재를 고집하셨다. 가격이 저렴해도 고품질이면 나쁘지 않았지만, 무조건 저렴한 자재로 채워져가는 매장의 분위기가 좋을 리 없었다. 약간의 차이가 전체의 이미지를 훼손시킬 수 있는데, 그 매장의 경우가 그러했다.

오픈한 뒤에도 마찬가지였다. 진열에 대한 이해가 없었지만, "이건 필요 없고 저건 저쪽에 놔야 한다"라는 의지가 고집처럼 느껴질 정도였다. 물건이 떨어져도 바로바로 채우지 않고 다 떨어지면 채운다는 식이었다. 역시나 내가 고객이었다면, 매장 내 제품이 듬성듬성이 빠진 듯이 진열된 매장은 찾지 않을 것이다. 이런 매장이 어떻게 성공할 수 있을까?

점주님의 성향이 반대였던 케이스도 있다. 모든 부분을 다 본사에 의존하시는 것이다. "본사가 다 알아서 해준다고 하지 않았느냐?"라고 말하며, 본인은 매장에 얼굴을 전혀 비치지 않으셨다. 물론 믿어주시는 점은 감사하지만, 실질적으로 운영자는 본사가 아닌 점주임에도 책임감이 너무 없었다. 점주님에게 "매장에 와서 직접 보셔야 해요"라고 계속 요청드렸으나, "사진을 찍어서 보내주세요"라는 말로 방문을 대신하셨다. 인테리어가 완료된 모습도 사진으로 보셨으며, 심지어 오픈 당일에도 자리를 비우셨다.

무인 매장을 운영하며, 나는 항상 되뇌인다. 무인 매장에는 사람의 숨결이 있어야 한다고. 그 숨결은 고객이 남긴 것이 아닌 점주가 먼저 남긴 것이어야 한다. 그 온기가 고객에게 전해져야만 고객은 매장을 다시 찾는다. 고객들은 보지 않아도 기가 막히게 이를 감지한다. 여기는 관리하는 곳이구나! 여기는 주인의 정성이 배어 있는 곳이구나! 점주의 손길이 먼저 닿은 곳에 고객의 손길도 닿는다.

다시 한번 강조하지만, 무인 매장이라서 더 정성이 필요하다. 어쩌면 고객들을 만나 일일이 응대할 수 없기에 더욱 노력해야 한다. 모든 것을 '고객 탓'이라고 생각하기보다는, 우선 내 가게를 찾는 고객들에게 먼저 예의를 갖추었는지 돌아보아야 한다. 그 예의는 다른 데서 오지 않는다. 내 정성과 관심을 오롯이 다하여 매장을 운영하는 것, 그것이 고객을 향한 참된 예의이다.

나는 무인 매장으로 퇴사합니다

대체할 수 없는
매장으로 만들어라

문구방구와 꿀잼키즈룸이 단기간에 200호 가맹점을 오픈할 수 있었던 이유는, 무인 창업을 하는 사람들이 이 브랜드에 대해 갖는 신뢰도가 있기 때문이다. 사람들은 아무 조사도 없이 나를 찾지는 않는다. 그들도 창업 시장에 관심을 가진 뒤, 자신이 매장을 차렸을 때 실패하지 않을 가능성이 있는 매장을 찾기 때문일 것이다. 물론 처음에는 잘 모르는 부분도 있다. 하지만 그 부분에 대해 최선을 다해 답을 드리고 돕는 나의 모습을 보시고는 곧 나와 우리 브랜드에 미래를 맡길 결심을 하신다.

노하우가 있을까? 분명히 있을 것이다. 나는 무인 창업에 대해 진심으로 궁금해 하시는 분들에게 '진심'이라는 말로 이 모든 노하우를 덮고 싶지 않다. 나는 내가 런칭한 이 브랜드에 사활을 걸고 일을 하고 있다. 함께 가맹점을 운영하는 점주님들이 역시, 매장을 오픈하길 잘했다는 마음으로 매일 아침 눈을 뜨셨으면 하는 바람이 있다.

대체할 수 없는 매장, 이를 만들기 위해 내가 늘 다짐했던 것이 있다. 이 다짐은 여전히 유효하다.

첫째, '욕심내지 말자'이다. 나는 가맹점을 오픈하는 점주님으로부터 로열티를 받지 않는다. 나는 나와 같은 처지인 사람들을 늘 먼저 생각한다. 나처럼 아이들을 돌보느라 경력이 단절되고, 남편의 카드를 쓸 때도 눈치를 보며 미안해하던 여성들 말이다. 그 외에도 무인 창업에 관심을 두는 사람들 대부분 인력을 고용하거나 큰 매장을 운영할 자본금이 없는 사람들이다.

나에게는 이들이 나의 브랜드를 믿고 신뢰해 주는 것에 대해 늘 보답하고 싶다는 마음이 있다. 그중 하나가 로열티를 받지 않는 것이다. 그렇다고 매장 오픈 이후 가맹점이 맨땅에 헤딩하도록 두지도 않는다. 본사에서 할 수 있는 부분은 무료로 계속 도와준다. 인테리어 하나에도 전문가가 아니니, 머리를 싸매고 고심하는 게 점주님들이다. 그러니 최대한 그 고민이 매장을 운영하는 데 있어 스트레스가 되지 않도록 본사 입장에서 관리한다.

두 번째로 '최선으로 돕는 마음'을 유지하고자 한다. 나는 발로 뛰는 사업가이다. 초기에 내가 직접 발로 뛰어 모든 것을 해결하려 했던 이유는, 창업에 드는 비용을 절감하려는 것이었다. 하지만 이제 내가 직접 발로 뛰며 나서는 노력은 전문가로서 나의 브랜드 점주님들이 최상의 초이스를 할 수 있는 지혜를 제공하기 위해서다.

나는 창업과 관련한 문의가 오면 가려서 받지 않고, 무조건 내가 상권을 같이 봐주었다. 남의 가게가 아닌 내 가게를 창업하는 마음으로 함께 했다. 하루에 7시간 동안 서 있어 본 적도 있었다. 점주님과 나의 마음에 적합한 상가를 찾기 위해 10개 이상의 상가를 본 날도 있었다. 부동산이 점주에게 최악의 조건을 내밀면, 그들과 싸우기도 했다. 이런 일은 큰 품과 에너지가 들지만, 나를 찾고 도움을 구하는 사람들에게 나 또한 최선을 다하여 돕고자 했다. 그런 내 열정과 최선을 보고 점주님들은 내 브랜드에 대한 신뢰를 쌓았다.

세 번째로, '최대한 적은 비용을 들이고 큰 이윤을 남기는 시스템을 확보하는 것'이다. 나는 마케팅에 큰돈을 쓰지 않는다. 마케팅이 중요한데 돈을 쓰지 않는다니, 이상하다는 생각이 들지도 모르지만 실제로 그렇다. 나는 문구방구가 100호점이 될 때까지 마케팅비를 1,000만 원도 쓰지 않았다. 그런데도 문구방구는 10개월 만에 70호점을 달성하고, 1년 만에 100호점을 달성했다.

마케팅을 전혀 하지 않았다고 생각한다면 오산이다. 나의 경우는 용선영, 나 자신이 브랜드이자 마케팅이었다. 내 성공 사례를 보시고, 가맹점 오픈을 위해 발로 뛰는 모습을 보시고 난 뒤 점주님들은 나를 믿고 창업 전선에 본격적으로 뛰어들었다. 그런 믿음에 보답하기 위해서라도 나는 더욱 점주님들의 성공을 위해 사력을 다했다. 그러니 나와 함께했던 점주님들은 자신의 지인들에게도 내 브랜드를 소개하기 시작했고, 문구방구에 이어 런칭한 꿀잼키즈룸은 더욱 단기간에 많은 가맹점을 오픈할 수 있었다.

내 목표는 점주님들이 매장을 살려서 간판을 내리지 않도록 돕는 것이다. 해가 갈수록 매장을 넓히고 성실하게 운영하시는 분들을 보면 감사하다는 마음이 절로 든다. 이 또한 내 브랜드가 더욱 견고하게 한국이라는 토양에 자리 잡는 마케팅이다. 사람들은 내가 이미 많은 기회를 잡았다고 여기지만, 나 스스로는 아직도 큰 기회가 남아 있다는 확신이 든다. 그 기회는 본사가 어떻게 이득을 취할지 욕심을 내기보다는, 점주님들의 성공을 위해 늘 그 입장에서 생각하는 데서 나타날 것이라는 믿음이 있다. 그러한 믿음이 점주님들뿐만 아니라 대중에게도 전달되어, '대체할 수 없는 매장'으로 인식되기를 꿈꾼다.

나는 무인 매장으로 퇴사합니다

성공하는
무인 창업 사례

"성공하는 데는 이유가 있어."

문구방구 130호점, 꿀잼키즈룸 70호점을 운영하며 내가 경험한 것은 무인 창업의 성공이 좋은 상권, 좋은 아이템 등을 선택하는 것으로 끝나는 게 절대 아니라는 것이다. 성공의 비결에는 사람이 있다. 바로 '좋은 점주'이다. 매장 중 많은 매출을 자랑하는 가게들을 보면, 100% 점주님들의 노하우가 있었다. 무엇일까? 특별하지 않지만, 대다수 사람이 가지지 못하는 것이니 특별하다. 노하우란 바로 점주님들의 '배움에 대한 열정'과 '매장을 향한 애정'이다.

무인 문구점 문구방구의 독보적인 매출 탑, A지점 점주님의 성공 창업을 좋은 사례로 소개하고 싶다. 이 매장은 1년도 채 되지 않아 매장을 확장했다. 이곳의 점주님이 저에게 하신 얘기 중 특별하게 기억나는 문구가 있어서 소개하고자 한다.

"동네에서 문구방구가 없으면 안 되게 만들겠다."
"내가 매출의 탑을 찍겠다."
"진열장이 비어있는 것은 손님에 대한 예의가 아니다."

점주님의 매장 운영에 대한 열정과 목표 의식, 고객을 대하는 마음이 고스란히 나타난다. 나는 처음 점주님을 만났을 때부터 성공하겠다는 확신이 있었다. 처음부터 매출의 탑을 찍겠다고 선언하셨기 때문이다. 그러한 선언이 단순한 포부가 아니라는 점은, 시간이 지나며 더 뚜렷하게 드러났다. 문구방구에서 점주님들을 대상으로 진행하는 진열법에 대한 스터디가 열렸을 때, 1등으로 신청하셨다. 이뿐만이 아니다. 점주님은 나에게도 꾸준히 전화하셔서 "어디 매장에 가서 공부하면 될까요?"라고 질문한다. 다른 가게에 가서도 진열 방법 등을 보고 자신의 매장에 적용한다. 늘 직접 발로 뛰며 공부한다. 이러한 열정은 자신의 매장에 대한 열정에서 비롯된다.

혹시 상품을 선택하는, 매출과 직결되는 제품을 고르는 탁월한 센스가 있는 것은 아닐까? 제품을 선별하는 기준에 대해서 직접 여쭤보았다. 매장에 진열해 보고 팔리지 않는 물품은 이후 구입할 때 제외하는 것, 이것은 매장을 운영하는 점주님들도 감각적으로 할 수 있는 일이다. 하지만 A지점 점주님은 다른 업체에 가실 때도 다른

많은 종류가 있음에도
잘 정돈된 매장

→ 문구방구 A지점의 전경과 진열

점주님들이 구입하는 제품을 유심히 보신다. 많이 사면 많이 팔리
는 제품이기 때문이다. 소비자인 아이들에게도 직접 물어본다. 다른
매장에 어떤 제품이 두 줄 걸려 있으면 그것은 잘 나가는 것이니 매
장에 들여오신다고 한다. 남다른 노력이 점주님이 가진 제품 선별의
능력이다.

이 매장에 들어온 손님은 매장을 둘러보며 5분 안에 나가지 않는다. 머무는 시간이 길다. 내가 들어가서 보아도 1시간은 충분히 둘러볼 정도로 매장이 재밌었다. 매장 앞에 뽑기 기계도 있어, 즐길 거리도 다양했다. 포토존도 있었다. 문구방구 최초로 무인 밀키트 상품까지 들여놓았다. 무엇이 잘 팔릴까, 소비자들의 소비 욕구를 자극할까, 테스트해 보는 시도를 꾸준히 하시는 분이었다. 오고 가는 손님들의 발걸음을 잡을 수 있도록 문 앞에 진열대를 둔 것도 이 매장의 매출 전략이었다.

문구방구의 사례에 이어, 꿀잼키즈룸의 성공 사례도 소개하고 싶다. 소개할 매장은 꿀잼키즈룸 위례점이다. "내가 잘하는 것을 찾아서 해보자!"라는 결심으로 퇴사까지 단행한 점주님이 운영하고 있다. 이 점주님의 경우, 창업과 창업할 수 있는 사람에 대한 객관화가 확실하신 분이었다. 점주님은 "돈보다는 내가 해보는 새로운 것에 대한 부푼 기대와 희망에 찬 사람이 창업하기에 적절하다"고 말했다. 점주님 스스로가 그런 사람이었다. 새로운 것, 즉 창업을 배우고, 배움을 적용하는 데 기쁨을 느끼는 것이 점주님이 가진 성공 창업의 비결이었다.

점주님의 경우 창업에 대한 투자가 과감했다. 필요한 투자에 돈을 아끼지 않았다. 키즈룸 인테리어 곳곳에도 매장에 대한 점주님의 애착이 드러났다. 계절에 맞춘 인테리어를 위해 화초도 곳곳에 두고

나는 무인 매장으로 퇴사합니다

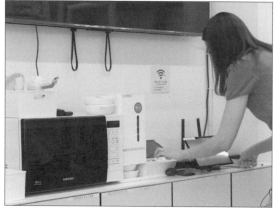

→ 꿀잼키즈룸 위례점 진열, 인테리어

있었다. 점주님은 "매장이 아들이랑 함께하는, 내 집이라고 생각한
다"라고 설명했다. 그러한 생각과 노력이 사람들을 이곳에 오게 만드
는 비결이다.

　이 매장의 특별한 마케팅 비법이 있다. 이 매장에는 고기를 구워
먹을 수 있는 테라스가 있다. 무인 매장이니 키오스크를 통해 여러

제품을 구입할 수 있다. 그런데 내가 가서 이용해 보니 햇반이 키오스크에 등록되어 있지 않았다. "통화 한번 하려고 그 메뉴를 키오스크에서 뺐냈다." 햇반 메뉴를 키오스크에서 빼놓은 사장님의 답변이 이랬다. 고객과 점주가 이렇게 연결되고, 소통하는 것이다. 햇반 가격은 무료이다. 밥이 공짜다. "밥 한 그릇은 저희가 그냥 드릴 수 있다"라고 얘기하면 고객은 감동하고, 그 마음이 바로 매출로 이어진다는 것이 점주님의 진심 어린 마음이자 비법이었다.

'프랜차이즈를 선택한 뒤, 거기에 의존하는 것이 아니라 내가 어떻게 하느냐가 중요하다'라는 마인드도 위례점의 성공 노하우이다. 이를 위해 점주님은 창업에 앞서 '돈+@'를 가지고 들어갔다고 말했다. 내가 새로운 분야에 도전하며 무엇을 배울 수 있는가, 이러한 고민을 집약해 놓은 말이라고 생각한다. 그래서 점주님의 창업 만족도는 늘 80%이다. 나머지 20%를 채워 넣겠다는 의지이다. 만족하여 안주하지 않겠다는 의지이기도 하다. 성공 무인 창업을 이루려는 분들이 배워도 좋을 마인드이다. 이 고민이 계속하여 색다른 @를 만들 것이며, 그것이 점주님의 성장이자 매장의 성공이 될 것이다.

무인 매장 창업으로
퇴사한 사례

늘 마음 한편에 사직서를 품고 사는 직장인들이 있다. 남들이 보기에는 안정적인 삶을 살아가는 것처럼 보이지만, 삶의 이야기를 직접 듣지 않는 이상 직장인들의 마음이 어떤지 다 알 수는 없다. 시계추처럼 회사에 다니며 '안녕하세요'라는 아침 인사를 건네는 사람들의 애환을 달랠 수 있을까. 녹록지 않은 현실이지만, 퇴사 이후를 생각해도 별다른 대책이 없기 때문에 사직서는 늘 마음속에만 품고 있다.

하지만 지금의 시대는 이전과 다르다. 특히 무인 창업 성공 사례가 사람들에게 알려지면서, 직장생활이 맞지 않는 사람들이 퇴사할 용기를 얻었기 때문이다.

그런 이유로 나에게 무인 창업 문의를 하는 사람 중 80%는 직장인이다. 직장에 다니면서, 향후 퇴사할 것을 목표로 창업하고자 하시는 분들이 대부분이다. 초기 창업 비용이 많이 들지 않고, 창업 초기에 바로 수익이 나지 않더라도 직장에서 나오는 수입이 있으므로 당장에 발생하는 위험이 적기 때문에 큰 리스크 부담 없이 시작해 볼 수 있다.

무인 창업에 도전하여 퇴사한 사례를 소개해 보고자 한다.

첫 번째 사례 A사장님은 학원강사이다. 아이를 키우면서 낮에는 학원에서 아이들을 가르쳤다. 자신의 학원을 창업을 하고 싶었지만 아무래도 창업 비용이 만만치 않아 엄두를 내지 못하고 있었다. 학부모와 아이들을 대면하는 일에 많이 지쳐 있었지만 아이 학원비를 벌기 위해서 강사생활을 그만둘 수도 없었다. 그러던 어느날 문구방구를 만나게 되었다. A사장님은 아이들의 수업이 주로 오후에 있기 때문에 수업이 없는 오전 시간을 활용하여 무인 문구점을 잘 관리할 수 있었다. 오전에 무인 문구점을 관리하고, 오후에는 계속해서 학원에서 아이들을 가르치게 되었는데, 생각보다 문구점 운영이 성향에도 맞고 많은 시간을 들이지 않고도 수입이 괜찮다 보니 무척 만족하고 있었다. 무인 문구점 관리도 재미있고 수입이 점점 많아지자 A사장님은 학원을 퇴사하고 무인 문구점 2호점을 오픈하였다. 16개월 정도 운영 중인 A사장님은 현재 학원강사를 할 때보다 수입이 늘었을 뿐만 아니라 일하는 것도 아주 재미있고 예전에는 퇴근하고 오면 아이들이 다 자고 있어 안스러웠는데 지금은 저녁 시간에 아이들과 함께 할 수 있어서 너무 좋다고 했다.

두번째 사례는 회사에 15년째 근무 중인 B사장님, 은행에 12년째 근무 중인 C사장님, 간호사로 15년째 근무 중인 D사장님 등 직장인 여성분들이다. 여성들의 경우 퇴사율이 높을 수밖에 없다. 회사일에, 육아에, 집안일에, 모든 것을 감당하기에 시간도 부족하고 일은 벅차기만 하지만 세상은 맞벌이 여성들에게 철인이 되기를 요구한다. 회사일에 전념하면 가정에 소홀해질 수밖에 없으며, 가정에 전념하면 회사에서 눈치를 준다. 그 모두에서 완벽할 수 없다는 현실은 맞벌이 여성들을 퇴사로 이끈다.

자녀들이 다 자란 이후에도 회사에 내가 돌아갈 자리가 없을 것이라는 경력 단절에 대한 우려, 이보다 더 큰 것은 당장 줄어드는 수입이다. 자녀가 자랄수록 육아와 교육 비용은 늘어날 텐데, 외벌이로 이를 감당하기에는 한계가 있다. 이러한 위기에 내몰리는 여성들이 무인 창업의 문을 두드린다. 직장과 더불어 매장을 운영하다가 어느 정도 안정화가 되면 퇴사를 하기 위해서다.

우리 사장님들 중에 회사일과 집안일을 병행하다보니 울거나 힘들어할 시간 조차 사치처럼 느껴졌다는 분들이 많다. 녹초가 되었어도 쉴 수 없었던 그분들이 무인 매장을 하면서 제일 만족해 하는 것은 시간적 여유다. 회사에 다닐 때보다 훨씬 적은 시간을 투자했는데도 수입은 비슷하니 부담없이 퇴사할 수 있었고, 무인 매장 덕분에 퇴사한 후에는 금전적 여유와 시간적 여유라는 두 마리 토끼를 잡았다면서 무척 만족하고 있다.

세 번째는 내 남편이다. 내 남편은 대기업 연구원이었다. 하지만 내가 점점 사업을 확장하면서 바빠지다보니 아이들을 케어할 수 없어서 남편이 육아휴직을 신청하고 아이들을 돌보고 있었다. 육아를 한지 2년이 되자 남편은 육아에 조금 익숙해졌는지 자신도 육아를 하면서 무인 매장을 관리해 보고 싶다고 했다. 그래서 문구방구, 꿀잼키즈룸 3개의 매장을 나와 같이 관리하고 있다.

주말부부로 오랫동안 떨어져 있다보니 아이들과의 추억이 없는 것을 항상 아쉬워 했었는데 육아휴직을 하면서 아이들을 돌보다 보니 아이들과 추억을 계속해서 만들고 있는 것이 너무 행복하다고 했다. 그리고 본인이 관리하는 매장에서 수입이 늘어나자 남편은 휴직이 아닌 퇴사를 결정했다. 남편은 아이들과 소중한 시간을 보내며 언제든지 가족과 여행갈 수 있는 시간적 여유가 있는 본인은 누구보다 부자라면서 아주 만족하고 있다.

이렇듯 다양한 직업군의 사람들이 도전하여 결과를 얻는 메리트 있는 분야가 무인 창업이다. 이를 알고 뛰어드는 사람들에게 늘 강조하는 포인트가 있다. 나는 직장인들에게 창업 컨설팅을 할 경우,

무인 창업을 해야 하는 이유가 무엇인지 여쭤본다. 그들에게는 여러 가지 이유가 있다. '아이들과 함께 시간을 보내고 싶어서', '자투리 시간까지 활용하여 돈을 더 벌고 싶어서', '부수입이 필요해서', 이런 이유들은 비교적 명확한 창업의 이유이다.

하지만 '퇴사하고 싶어서'라는, 즉 퇴사가 목적이 되어 창업하려는 이들에게 꼭 조언하는 말이 있다. 무인 창업이 도피처가 되어서는 안 된다는 것이다. 실제로 상담할 때 "무인 창업하면 퇴사할 수 있죠?"라고 문의하는 분들이 많다. 물론 퇴사하고 싶은 이유가 있을 것이며, 이를 위해 무인 창업까지 시도할 만큼 간절한 그 마음은 이해한다.

하지만 무인 매장을 운영하는 것도 사업의 일종이다. 해보지 않았기에 자신의 적성에 맞지 않을 수도 있고, 무인 매장에도 어려움이 분명히 있다. 그러므로 퇴사를 하겠다는 생각만으로 서둘러 매장을 오픈하고 서둘러 퇴사를 결정해서는 안 된다. 무인 매장 운영이 자신의 적성에 맞는지, 수입은 안정적인지 등 여러 가지 조건을 여유를 두고 파악한 후 퇴사를 결정해야 실수하지 않을 수 있다.

또 어떤 분은 무인 창업을 통해 수입이 생기고 마음의 여유가 생기자, 회사 생활도 예전처럼 스트레스를 받지 않으며 일을 하게 되었다고 전하기도 했다. 그분은 회사일과 무인 창업 모두를 완벽하게 소화하게 되었다면서 무엇보다 자존감을 회복할 수 있어서 아주 만족해 하셨다. 예전에는 회사에서 나가라고 할까봐 전전긍긍했다면 이제는 퇴사를 할지 말지를 본인이 정할 수 있게 된 것이다. 결정권이 나에게 있다는 것, 이것보다 더 좋은 것이 있을까?

Chapter 5

누구나
대표가
될 수 있다

간절한 부수입,
간단한 실행으로 얻는 기적

"보이지 않는 기회를 간절함으로 붙잡았고 옳다고 판단되었을 때 빠르게 결단했다."

언젠가 내 노트에 써 내려갔던 구절이다. 살아가면서 돈이 아쉬울 때는 많다. 나 또한 15평 월세에서 아이들을 키우며 몇 푼에 울고 웃을 수밖에 없는, 그런 사람이었다. 학원을 운영하면서도, 삶의 굴곡이 나의 어찌함이 아닌 세상으로부터 주어질 수도 있다는 사실을 깨닫는 나날의 연속이었다. 코로나19와 같은 질병의 확산은 학원을 운영하는 사람에게는 직격타였다.

하지만 좌절만큼이나 일어서기를 바라는 간절함이 컸다. 그 간절함은 내 본업을 통해 창출하는 수익에 더하여 부수입을 만들어 낼 방안을 찾기에 이르렀다. 그 방안은 찾기 어려운 골목길 저 너머에 있지 않았다. 내가 오가는 출근길, 아이들의 손을 잡고 오가는 등굣길, 하굣길에 있었다. 주위를 둘러보라. 자주 가는 길, 자주 가는 매장, 자주 가는 휴식처, 이처럼 내 근처와 선호하는 공간에 부수입을 낼 수 있는 요소가 있지 않은가?

결단하고 실행하는 것이 출발이며 수익을 내는 근원이었다. 그 실행은 남들에게는 무모해 보일 정도로 간단했다. 하굣길 어김없이 문구점에 가자고 조르는 딸들, 큰돈이 들거나 긴 시간이 걸리는 일이 아닌 만큼 나는 아이들과 함께 자주 문구점을 찾았다. 하루에 5천원 정도, 아무리 적어도 두 아이와 함께 일주일에 5만 원가량을 문구점에서 소비하고 있었다.

'나같은 엄마들이 얼마나 많을까?', '문구점은 얼마나 돈을 잘 벌까?'라는 궁금증이 '내가 해볼까?'라는 생각으로 이어지는 데는 시간이 얼마 걸리지 않았다. 바로 프랜차이즈를 알아보았고, 나의 예상보다 가맹비와 투자금액이 높았지만 포기하지 않았다. '내가 브랜드를 내자'라는 마음에는 간단한 진실, 문구점이라면 '구성이 다양하고 아이들이 쉽게 드나들 수 있는 곳'이면 된다는 생각이 있었다.

8평 상가를 얻고, 진열대로 간단하게 인테리어를 하고, 동대문에

나는 무인 매장으로 퇴사합니다

서 물건을 가져왔다. 드디어 사업을 시작했다. 이렇게 얘기하니 쉬워 보인다. 이렇게 몇 자로 간단하게 정리한 까닭은, '문구방구'의 시작은 곧 '실행'이었다고 강조하고 싶어서이다. 이러한 마인드는 이후 100호점에 이르는 문구방구의 시작에도 적용되었다.

물론 준비 없는 시작은 무모할지도 모른다. 사업을 하는 과정에서 경험하는 장애물이 더욱 크게 다가올지도 모른다는 우려와 함께 간다. 그렇다고 해서 실행하지 않으면 결국 시작도, 과정도, 결과도 없다. 나는 성공에 있어서 상가의 입지, 주변의 상황보다 사장의 마인드가 중요하다고 여긴다. '성공은 늘 나의 근처에 있다'라는 사실을 믿고 실행하면, 그 과정에 임하는 자세 또한 남다를 것이며, 나타나는 성취 또한 실행하지 않은 사람들과는 다를 것이다.

성공할 수밖에 없는
무인 창업의 현재와 미래

무인 창업의 붐이 일고 있다. 그러나 이는 유행처럼 지나가는 현상이 아니다. 현재와 앞으로 다가올 미래 사회의 중요한 단면이 무인 창업을 통해 드러나고 있다. 청년 실업률 증가, 베이비붐 세대의 은퇴자 수 증가, '100세 시대'로 일컬어지는 기대 수명 증가는 사람들을 'N잡'의 열풍의 한가운데로 몰아넣고 있다. 이 취업 시장의 열풍 안에 무인 매장이 큰 핵으로 나타나고 있다.

무인 창업의 기세가 코로나 이후에는 꺾일 것이라는 우려가 있었다. 무인 창업에 뛰어들면서 나도 우려했던 점이다. 하지만 '구더기 무서워서 장 못 담글까'라는 옛말처럼, 해보기도 전에 앞서 포기하는 건 지혜롭지 않다고 생각했다. 무인 창업이 사장될까? 내가 생각하기에는 그렇지 않았다. 오히려 미래에 무인 창업은 더 호황을 이룰 수 있을 것이며, 어쩌면 많은 것들이 무인으로 대체될 수 있겠다고 전망했다.

물론 나에게는 미래를 보는 능력이 없지만, 미래를 그리는 능력이 있다. 그리고 그러한 능력은 현실을 분석하는 데에서 나온다. 무인 창업의 현실에 대해 공부하다 보면 얼마나 많은 사람이 무인 창업에 호응을 보이고 있으며, 대중의 삶 전반에 필수로 자리 잡았는지 파악할 수 있다.

2023년 3월 소방청의 발표에 따르면, 전국에는 약 6,323개의 무인 점포가 운영되고 있다고 한다. 더 이상 무인 점포는 우리에게 낯선 것이 아니다. 아이스크림 판매점, 세탁소, 스터디카페, 사진관까지 전부 무인으로 운영된다. 코로나가 창궐하던 시기의 일시적인 특징처럼 보이기도 했지만, 무인 매장들은 사라지지 않고 계속 운영을 이어 나가고 있다.

이렇듯 무인 매장이 운영된다는 사실은 무인 매장을 이용하는 사람들이 꾸준히 있다는 사실을 말해주는 것이기도 하다. KB국민카드가 2019년부터 2022년까지 최근 4년간 신용카드와 체크카드를 이용한 회원들의 결제 데이터를 종합하여 발표하였는데, 무인 사진관의 매출액이 2021년에 비해 이듬해 271%나 폭증했다. 코인노래방의 매출도 115%의 증가율을 보였다. 한국리서치의 2023년 발표에 의하면 사람들이 무인 아이스크림 매장과 무인 편의점, 무인 셀프 빨래방과 무인 노래방을 애용하는 것으로 나타나는데, 우리의 일상을 '무인'과 함께하고 있다고 과언이 아니다.

그 이유는 무엇일까? 사람들이 무인 매장을 이용하는 이유로는 첫 번째로 저렴한 가격을 들 수 있다. 물가는 가파르게 오르고, 오프라인 매장을 찾는 이들의 구매 욕구는 급속도로 내려간다. 그렇다고 산에서 수행하듯 살아갈 수는 없으니 사람들은 저렴한 가격의 제품들을 찾는데, 그런 제품들이 무인 매장에 있는 것이다. 무인 매장의 경우 인건비가 들지 않기 때문에 제품 가격이 낮을 수밖에 없다. 그러니 경기침체와 높은 물가로 부담을 느끼는 소비자에게 무인 매장 이용이 매력적으로 다가오는 것이다.

두 번째로 편리성과 접근성이다. 사람들이 선호하는 매장은 주로 편리하며, 주거지 주변에 있어 접근하기 좋은 곳이다. U&A의 조사에 따르면 사람들이 매장을 이용하는 요인 중 편리성이 73.9%, 주거지 주변 이용이 92.5%였다.

무인 매장은 편리하다. 소비자들은 키오스크나 앱을 통해 사람과의 상호작용 없이도 제품을 구매하고 서비스에 접근할 수 있다. 그러니 빠른 서비스를 누리게 되며, 대기하는 시간도 감소한다. 즉 원하

나는 무인 매장으로 퇴사합니다

는 서비스에 즉각적으로 접근할 수 있다.

24시간 열려 있다는 것도 사람들이 무인 매장을 이용하는 이유이다. 사람이 상주하지 않아도 되는 매장이니 모든 시간 가동할 수 있다. 즉 접근성이 좋다. 누구나 필요할 때, 적시에 이용할 수 있는 매장이라면 누구라도 마음 편히 찾을 수 있다. 그러한 매장이 주거하는 곳 주변에 있다면 자주 찾는, 익숙한 단골 매장이 바로 그 무인 매장이 될 것이다.

세 번째로 직원의 눈치를 보지 않고 자유롭게 이용할 수 있다. 비대면 서비스이다 보니 직원과 마주할 일이 없다. 자기가 사고 싶은 물건을 찬찬히 고른 뒤에, 결제하고 나오면 된다. 누군가의 눈치를 볼 필요가 없다. 소비자가 편하게 물건을 고를 수 있는 자유로운 분위기가 매장 내에 있다. 때로는 직원이 지나친 응대 및 관심을 보여 불편함을 느끼는 경우가 있는데, 이러한 불편을 굳이 경험하지 않아도 되는 것이다.

마지막으로 코로나19로 생겨난 사회적 거리 두기가 사람들의 생활에 여전히 작동한다는 점도 무인 창업에 대한 미래를 전망하게 한다. 코로나 이후 사람들 사이에 생겨난 접촉에 대한 공포가 있는데, 무인 매장은 이러한 공포로부터 자유롭다. 사람들과 마주치지 않으니, 접촉으로 인해 발생할 수 있는 감염의 우려도 없다. 이렇듯

코로나19로 부쩍 증가한 무인 매장 실제 이용 경험 및 체감도 또한 높은 편

(N=1,000, 단위: %)

무인 매장이란?
사업장 내 점주나 점원 없이 무인주문기(키오스크)를 통해 상품을 결제·판매하는 방식의 가게

71.9%
「무인 매장」 이용 경험률

79.2%
나는 요즘 무인 매장이 많아지고 있다는 것을 체감한다

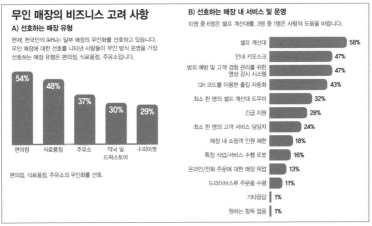

무인 매장의 비즈니스 고려 사항

A) 선호하는 매장 유형

현재, 한국인의 94%는 일부 매장의 무인화를 선호하고 있습니다. 무인 매장에 대한 선호를 나타낸 사람들이 무인 방식 운영을 가장 선호하는 매장 유형은 편의점, 식료품점, 주유소입니다.

- 편의점 54%
- 식료품점 48%
- 주유소 37%
- 약국 및 드럭스토어 30%
- 수퍼마켓 29%

편의점, 식료품점, 주유소의 무인화를 선호.

B) 선호하는 매장 내 서비스 및 운영

10명 중 6명은 셀프 계산대를, 3명 중 1명은 사람의 도움을 바랍니다.

- 셀프 계산대 58%
- 안내 키오스크 47%
- 범죄 예방 및 고객 경험 관리를 위한 영상 감시 시스템 47%
- QR 코드를 이용한 출입 자동화 43%
- 최소 한 명의 셀프 계산대 도우미 32%
- 긴급 지원 28%
- 최소 한 명의 고객 서비스 담당자 24%
- 매장 내 쇼핑객 인원 제한 18%
- 특정 작업/서비스 수행 로봇 16%
- 온라인/전화 주문에 대한 매장 픽업 13%
- 드라이브스루 주문 수령 11%
- 기타응답 1%
- 원하는 항목 없음 1%

→ 무인 점포 통계

나는 무인 매장으로 퇴사합니다

무인 서비스가 사람들의 건강 문제와 사회적 거리 두기 조치로 인해 사람들에게 빨리 수용되었지만, 이제는 하나의 트렌드가 되었다. 디지털 커뮤니케이션이 익숙해져 비대면 소통을 선호하는 요즘 세대의 소비심리까지 적중하였다. 무인 매장은 사람들에게 심리적으로 주는 안정성이 있다. 내 주위에 있는 편안한 매장, 이러한 매장이 바로 무인 매장이다.

창업의 꿈을 꾸는 사람들에게도 '무인 창업'은 매력적인 소비처이다. 소자본을 투자하고도 큰 매출을 얻을 수 있다는 장점이 창업이라는 거대한 산의 높이를 낮춰준다. 특히 점차 늘어나는 인건비로 한숨이 늘어가는 소상공인들에게 무인 창업은 좋은 대안처럼 느껴지기도 한다. 앞서 설명했다시피 무인 창업은 시간적인 자유와 경제적인 자유를 누릴 수 있다는 장점과 더불어, 꾸준히 성장해 나갈 서비스이다. 무인 매장의 서비스를 경험한 20~30대들은 앞으로도 익숙하게 이 서비스를 이용할 것이며, 비대면 서비스를 아직은 불편해하는 어른들을 위한 방안도 점차 마련되고 있다. 손쉽게 접근할 수 있는 창업 아이템인 무인 창업, 전망은 너무나도 밝다.

단 2년 만에 200호점을
만들 수 있었던 핵심 마인드

2021년 겨울, 무인 창업을 시작한 뒤로 벌써 2년이다. 처음에는 내가 2년 만에 200호점이라는 기록을 달성하게 될 줄은 몰랐다. 물론 내가 하는 일에 대한 믿음과 확신은 있었지만 내가 맞닥뜨리는 과정이 늘 산을 넘듯 고되고 치열했음을 떠올리면 지금의 성과가 당연하게 느껴지지 않는다. 무인 매장을 창업하고 키워나가는 과정은 고되었다. 매장을 한두 개 경영하는 것으로 끝냈다면 보다 여유로웠을지도 모르지만, 점주님들의 생활 또한 내 삶 중의 일부로 느끼는 지금은 책임질 것도, 신경 쓸 일도 많다.

그럴수록 나는 나의 정신을 일깨우고는 한다. 내 주변에서 일어나는 상황 중 변수들을 통제하는 일은 쉽지 않다고 생각하지만, 나의 정신을 통제할 수는 있다. 그러다 보면 나의 상황까지 통제할 수 있다. 내가 나에게 늘 되뇌는 주문과도 같은 핵심 마인드를 여러분께 소개하고자 한다.

첫째, 기회는 두드리는 자에게 열린다.

어디선가 들은 적이 있다. 물에 빠진 사람이 물 밖으로 머리라도 내밀고 있어야, "살려주세요"라고 소리라도 쳐야 그 사람이 위기에 빠진 줄 알고 살려주게 된다는 이야기였다. 내 모든 삶의 과정은 두드리는 과정이었다. 학창시절부터 더 나은 것을 얻기 위해 사람들에게 요청하고, 또 분투했다. 이런 과정이 나에게 최소한 굶지는 않도록 음대생이라는 타이틀을 만들어 주었고, 이를 통해 학원도 운영해 볼 수 있었다. 더 저렴한 분유, 싼 장난감으로 아이들을 잘 키워내는 데 머무르지 않았다. 조금 더 나은 삶을 위해 아기를 포대기로 싸 업고 길을 나섰다. 두드리고자 하는 마음은 길가에 있는 무인 매장 하나 허투루 보도록 하지 않는 자세를 만들었다. 나는 코로나라는 절박한 상황도 기회로 보았고, 무인 매장을 기회로 만들었다. 기회를 부르짖는 내 정성에 그 누구라도 감복할 수 있도록 말이다.

둘째, 환경을 바꾸는 것부터 시작이다.

자신의 삶을 바꾸기 위해서는 청소부터 하라는 말이 있다. 자신의 주변 환경이 도전을 방해하지 않고 뒷받침해 줄 수 있는 상황으로 만들어져야 한다는 것이다. 초기에 분유 사업을 하면서 짐을 둘 데가 없자, 나는 이 사업에 미래를 배팅하고자 하는 마음으로 큰 집으로 옮겼다. 작은 집에서 품을 수 있는 한계가 쌓인 재고에서 고스란히 드러났기 때문이다. 피아노 사업을 위해서는 아이들이 많은 지역으로 이사까지 단행했다. 이미 육아맘들을 대상으로 레슨하기 어렵다는 사실을 인지했으니, 대상은 아이들이어야 했다. 아이가 없는 곳에서, 원생을 찾는 일은 누가 봐도 불가능하다. 내가 머무는 환경을 그대로 두면서, 나의 상황이 바뀌기를 기대해서는 안 된다.

셋째, 말하는 대로 이루어진다.

나는 보이는 모든 것이 보이지 않는 것들로부터 영향을 받는다고 믿는다. 나는 사업을 운영하면서 실패한다는 생각을 해본 적이 없다. 나는 반드시 성공해 낼 것이라고 말하고 다녔다. '난 부자가 되겠다', '절대 포기하지 않겠다', '나는 안 되는 것도 되게 할 수 있는 사람이다', 이러한 믿음을 마음으로만 품지 않고 입으로 되뇌었다. 이런 말들은 다짐으로 끝나지 않았다. 힘을 지닌 주문이 되어 나를 성공의 자리로 이끌었다.

실제로 긍정적인 말을 하면, 내면에 스미는 부정적인 생각들은 나설 힘을 잃는다. 떠올려 보라. "나는 할 수 있어"라는 말을 하는 사람은 쉽게 좌절하지 않는다. 기억할 것이다. 대한민국에서 최초로 펜싱 에페 종목에서 올림픽을 획득한 박상영 선수의 말, "할 수 있다." 2016년 리우 올림픽 에페 종목 결승전을 보며, 모두가 박상영 선수의 은메달을 이야기하였다. 하지만 "할 수 있다"라는 말을 읊조리던 선수는 끝끝내 이겨내 금메달을 쟁취하였다. 그 감동의 순간은 나에게도 각인되어 있다.

그리고 이 말은 사람을 살리는 말이 되었다. 골든레이호가 미국 동부 해안에서 전도되었을 때, 마지막으로 구조된 남성은 41시간 동안 선체 내부에서 버텼다고 한다. 필사적으로 생존 신호를 보냈던 그 남성이 한 말이 "우리는 죽지 않는다"였다. 이 말을 할 때, 생존자는 박상영 선수가 했던 '나는 할 수 있다'라는 말이 생각났다고 자신의 인터뷰를 통해 공개한 적이 있다.

빤히 보이는 결과란 없다. 결과는 나와 봐야 안다. 그때까지 내가 할 일은 내가 성공하리라, 극복하리라 믿고 긍정의 말을 하는 것이다. 나에게는 그런 긍정의 말이 있었다. 말로 인한 긍정의 힘이 앞으로의 꿈을 이뤄 나가는 중요한 힘이 될 것이라고 믿는다.

넷째, 과정이 아닌 완성을 그려라.

모두가 과정이 중요하다고 말한다. 하지만 나는 결과가 중요하다고 믿는다. 결과가 나타나지 않는다면, 모든 과정은 단지 성장을 향해 나아가는 과정일 뿐이다. 마라톤에도 42.195km라는 끝이 있다. 그것을 보고 자신의 페이스를 조절한다. 즉 '도달할 것'을 설정해 놓지 않으면 의미를 모른 채 뛰는 사람일 뿐이다.

나는 실패를 두려워하지만, 때로는 실패가 나의 완성을 나타내는 지표라고 보기도 한다. 실패 또한 완성을 아는 사람만이 경험할 수 있는 것이라고 믿는다. 목표와 벗어난 것은 무엇인지, 그 이유가 무엇인지, 이것이 실패인지 알 수 있는 능력은 곧 '완성'을 아는 능력에 있다.

나에게는 '가난을 벗어나는 것'이 완성이었던 시절이 있다. 그 완성은 나를 행동하도록 이끌었다. 가히 가난을 벗어났다고 짐작하는 때에 이르러서는 '돈만 많은 부자가 아니라 뜻을 가지고 돈을 버는 부자'가 완성된 나의 모습이었다. 이러한 완성은 추상적인 개념으로만 남지 않았다. '나만의 브랜드를 내겠다', 이러한 목표는 지금에 이르러 나를 나 자신을 넘어 무인 창업이라는 분야에도 프로페셔널한 사람으로 만들었다.

완성은 끝이 아니라, 현재에서 미래로 나아가는 시너지이다. 내 과정을 더욱 단단하게 만들어 주는 힘이다. 머릿속에서 당신의 완성된 모습이 떠나지 않도록, 지금부터 구체화시켜라.

다섯째, 성공은 태도가 결정한다.

나는 프로페셔널한 사람이다. 실제로는 그렇지 않을지라도, 나는 나에게만큼은 프로페셔널하다. 이는 내 과거를 통해 쌓아온 나에 대한 신뢰이기도 했다. 'Never never Give up!', 내가 나아가는 방향에 포기란 없다고 생각하며 임한다. 내가 너무나 좋아하는 이 말

나는 무인 매장으로 퇴사합니다

은, 지금도 여전히 나의 삶을 지탱해 주는 말이자 내 일과 마주하는 태도이다.

덧붙여 일에 임하는 나의 핵심 태도라면 포기하지 않고자 고군분투하지만, 양보할 줄 안다는 것이다. 나의 주장에서 한발 물러서는 것이니, 이 또한 포기라고 생각하는 사람도 있을 수 있다. 하지만 나는 목표한 바가 있으면, 내가 이미 손에 잡은 무언가를 내려놓을 줄도 알아야 한다고 믿는다.

실질적으로 내가 내려놓은 것은 학원을 중단하는 것뿐만이 아니다. 나는 내가 느끼는 여러 감정 중 좌절을 내려놓았다. 특히 장사하는 사람들은 매출액에 따라 일희일비할 수밖에 없다. 하지만 이는 내가 파악하고 연구할 대상이지 좌절할 거리가 아니다. 어려움에 부딪쳤을 때, 나는 이 모든 것이 성공에 도달하려는 나에게 제시되는 테스트라고 생각한다. 이를 풀어내면 정답이 있을 것이라고 생각하면 도전의식이 생긴다. 그리고 이러한 테스트를 통과했을 때 갖게 되는 자신감은 곧 긍정적인 태도를 잃지 않도록 하는 단단한 반석이 된다.

무엇이 당신을 프로페셔널하게 하는가? 당신이 프로가 되고 싶은 자리는 어디인가? 내가 프로라는 태도가 가져오는 긍정적인 마음가짐들은 세상을 바라보는 나의 자세를 곧추세운다. 내 신체와 마음에 구부러진 곳은 어디인지 찾고, 바로잡기를 바란다. 펼쳐진 마음은 곧 성공이라는 날개를 당신의 어깨에 얹어줄 것이다.

여섯째, 테이커보다 기버가 되라.

모든 것으로부터 얻어내려고만 하는 사람들이 있다. 하지만 생각해 보라. 늘 배우려는 당신에게 세상은 제 몫을 다하기를 원했다. 더 나아가 한 사람 몫 이상을 하는 사람들이 성공한 사람이라 일컬어진다. 한 사람 몫 이상을 하는 사람. 0.8인의 몫을 하는 사람에게 0.2를 더하여 줄 수 있는 1.2인의 몫을 하는 사람. 나는 내가 이런 사람이어야 한다고 다짐한다.

나는 '기버'이다. 주는 사람이다. 지금까지 사업을 확장하며 그 누구에게도 내 몫을 받아내고자 하는 생각으로 임하지 않았다. 나의 시간과 노하우를 들여 돕고자 했으며, 그 값은 성공하는 사장님들의 웃음으로 받았다. 그 웃음이 돈보다 소중하다는 것은, 나의 가정에 피어나는 웃음을 통해서도 절감한다.

나는 기버이다. 하지만 주면서 깨닫는 것은 내가 주면서 얻는 것 또한 많다는 점이다. 나는 내가 첫 가게를 성공으로 이끌었듯, 그들도 그의 가게를 성공시킬 수 있다는 확신으로 타인을 도왔다. 성공한 사람들이 나와 같은 마음으로 자신의 지인들에게 내 브랜드를 홍보하고 있다는 사실을 보면, 사실 본사의 입장으로는 얻는 게 많다.

이것이 '기버'로서 창출해 낼 수 있는 시너지이다. 시너지는 경쟁이 아니다. 물론 우리가 이 사회 안에서 살아남고자 고군분투하고 있지만, 살아남는 것이 곧 남을 죽이는 일은 아니다. 우리가 경쟁하지 않고 손잡고 함께 나아갈 수 있다면 더 큰 일을 이룰 수 있다. 승-패가 아닌, 승-승으로 나아갈 수 있는 마음가짐은 나를 여전히 기버로 정의하도록 만든다.

나의 점주들도 이제는 기버이다. 나와 만들어 낸 시너지로 그들의 매장뿐만 아니라 인생에 더 큰 시너지를 만들고 있다. 서로가 응원하며 성장하며 함께 성공하는 보람은, 내가 사업을 하지 않았으면 이토록 크게 느끼지 못했을 것이다. 어쩌면 이해 관계에 있는 사람들과 '함께 성공하는' 보람을 느낀다는 것은 내 인생에 있어서 '받는 선물'과도 같다.

기버가 되라. 소소한 것을 얻고자 하면, 더 큰 것을 놓치게 된다. 이와 함께 내 인생에 주어질 선물과도 같은 순간들을 놓치게 된다. 우리의 인생에 기적이 놓이는 길은, 바로 주는 힘에 있다는 사실을 잊지 말자.

오늘날 문구방구와
꿀잼키즈카페를 만든 성공 법칙

문구방구와 꿀잼키즈카페가 성공했을까? 내 생각에는 그렇다. 내 '성공'의 기준은 내가 운영하는 브랜드와 매장이 성장할 수 있는 현실에 위치해 있는가에 있다. 창업을 꿈꾸는 사람들이 나의 이야기를 듣고 함께 꿈꾸고자 하는 것도 내가 성공을 말하는 증거이다.

문구방구와 꿀잼키즈카페의 성공에는 뚜렷한 성공 법칙이 있다. 먼저 차별화이다. 문구방구와 꿀잼키즈카페는 가맹점 로열티가 없다. 내 목표는 처음부터 다같이 잘 되는 것이었다. 점주들에게 몇십만 원의 로열티를 받는 것은 분명 나에게 큰 소득이 될 것이다. 하지만 나는 점주님들의 수입이 더 많아져서 간판을 내리지 않는 것을 목표로 했다. 그러니 점포의 수가 단시간에 급격히 늘어갔다. 내가 굳이 마케팅에 열을 올리지 않아도 안정 궤도에 들어선 점주님들은 지인들에게 우리 브랜드를 소개했다. 그 정도로 애정과 책임감이 있으니 내가 만든 브랜드는 곧 점주님과 공유하는 우리의 브랜드가 되었다.

두 번째로, 나는 상권을 분석하기 위해 직접 발로 뛴다. 내 매장뿐만 아니라 가맹점을 운영하기 위해 문의하는 분들을 위해서 함께 상권을 찾는다. 부동산에도 같이 간다. 창업이 처음이신 분들이 대다수라 부동산 계약도 어려워하시는 분들이 많다. 그런 분들이 당황하거나 손해보지 않도록 같이 동행한다.

세 번째로, 브랜드 가치를 올리기 위한 남다른 노력이다. 문구방구와 꿀잼키즈룸의 로고는 캐릭터이다. 이용하는 고객들에게 친근감을 유발한다. 사람들이 캐릭터를 통해 브랜드에 관심을 가질 수 있도록 카카오톡 선물하기 등 SNS업체를 통해 홍보하는 것도 내 몫이다. 예로 꿀잼키즈룸의 캐릭터 이름은 '꿀잼이'인데, 이 캐릭터를 활용한 굿즈 사업을 하고 있다. 아이들을 위한 캐릭터 사업은 곧 브랜드 홍보에 요긴하게 사용된다. 또한 한 개의 사업이 연관 사업으로 이어지는 발전의 구도를 문구방구와 꿀잼키즈룸의 운영 방식에서 발견할 수 있다.

참고로 꿀잼키즈룸의 경우 이미 문구방구의 성공으로 인지도를 만들어 놓았기 때문에 그 자체로 브랜딩이 되었다. 성공 뒤의 성공

엄지척 프로도

대표님,
오픈 5일차 3월 현재까지 들어온
매출현황이에요.
아직 홍보가 안 되었음에도 불구하고
저희가 목표로 했던 매출을 향해서
점점더 도달하고 있는 거 같아서
정말 감사하다는 말씀 전해드리고 싶어요!
몇몇 고객님들은 벌써 꿀잼이 최고라고
칭찬해 주셨어요.

아직 부족한 부분도 많지만 천천히
한 계단씩 성장해서 꿀잼 본사에
절대 누가 되지 않도록 노력할게요!
다시 한번 머리 숙여 감사드립니다.

 눈물바다에 빠진 라이언

대표님~~ 저의 워너비 ㅎㅎ

우연히 대표님 만나고 모든 일이
마법처럼 순식간에 일어났네요 ㅎ
부족하고 걱정 많은 저를 이끌어 주시고
격려해 주셔서 정말정말 감사드려요.
마음으로 늘 대표님 더욱 번창하시라고
응원하고 있습니다!

올해는 더욱 번창하셔서 조만간에
업계 1위 찍으시길 진심으로 바라고
응원해요!!!

일도 가정도 늘 평안하세요.
새해 복 많이 받으세요.

 먹보 네오

바쁘신 것 같아 문자로 인사드립니다~

처음에 ▢▢쪽에 오픈하려고
마음먹었는데 대표님이 잘 조언해주신
덕분에 ▢▢에 잘 오픈해서
시작이 좋은 것 같아요~
감사인사 한번 드리고 싶어서
연락드렸어요~
얼마전 유튜브 올라온 것 보니까
새로운 사업 준비하시는 것 같은데
대단하십니다~
매일매일 바쁘실텐데 몸관리 잘 하시구~
새해 복 많이 받으세요~~

 엄지척 제이지

대표님!
대표님 만난 게 정말 행운이네요.
창업하는 게 정말 막막했는데
상권부터 해서 오픈까지 지금
제 매장이 생겨서 너무너무 기쁩니다.

항상 응원할게요.
식사 항상 거르시던데 식사 챙기고
진심으로 응원합니다.^^

 초롱초롱 튜브

대표님!
다시 한번 감사 인사드립니다.
창업에 대해 막막했는데 대표님을 만나서
용기를 얻을 수 있어서 너무 감사합니다.

앞으로 더 열심히 하고 배워서
저도 대표님 뒤를 따라가겠습니다!!
항상 건강하시고 사업 번창하세요^^

 시무룩한 튜브

감사는 제가 평생드려야 될 거 같습니다.
대표님 덕분에 돈도 잘 벌고^^
더 열심히 하고 있을테니 좋은 일로
또 뵈어요~
여러 방면으로 열심히 하시는 대표님
늘 응원하겠습니다!

은 의외로 쉬웠다. 단기간에 가맹점이 50호 점으로 늘어났다. 앞서도 얘기했지만 로열티가 없고, 점주 입장에서 최대한 창업 비용을 아낄 수 있도록 예산에 맞춘 선택권을 준다. 투자 비용을 빠른 시일 내에 회수할 수 있도록 내 노하우와 시스템으로 아낌없이 지지하는 것이다. 문구방구와 꿀잼키즈룸으로 연결된 모든 사람에게 보내는 아낌없는 지지와 응원도 성공 법칙이라 말하고 싶다.

각종
지원 정책

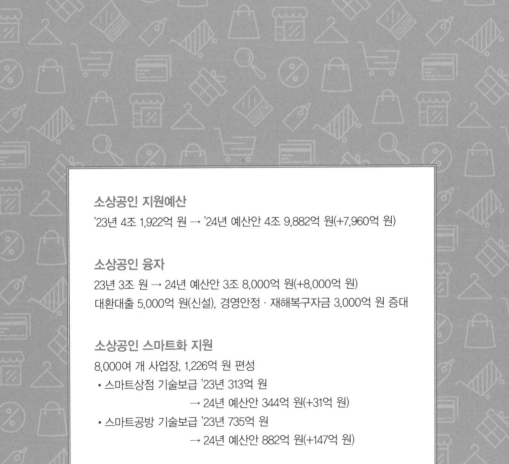

소상공인 지원예산

'23년 4조 1,922억 원 → '24년 예산안 4조 9,882억 원(+7,960억 원)

소상공인 융자

23년 3조 원 → 24년 예산안 3조 8,000억 원(+8,000억 원)
대환대출 5,000억 원(신설), 경영안정 · 재해복구자금 3,000억 원 증대

소상공인 스마트화 지원

8,000여 개 사업장, 1,226억 원 편성
• 스마트상점 기술보급 '23년 313억 원
　　　　　　　→ 24년 예산안 344억 원(+31억 원)
• 스마트공방 기술보급 '23년 735억 원
　　　　　　　→ 24년 예산안 882억 원(+147억 원)

소상공인 스마트상점 기술보급 사업

https://www.sbiz.or.kr/smst/index.do

(1) 소상공인 스마트상점 기술보급 사업이란?

소상공인 시장진흥공단에서 소상공인들에게 필요한 스마트 기술을 지원해 소상공인들에게 더 나은 업무 환경과 수익 창출에 도움을 주기 위한 사업

(2) 지원 대상

점포를 운영 중이며, 사업자등록을 보유한 소상공인

(3) 지원 내용

- 점포를 운영 중인 소상공인 대상으로 맞춤형 컨설팅 → 적합성 상담 → 기술 도입 지원

- 일반형 최대 500만 원/ 미래형 최대 1,500만 원 공급가액의 70% 지원
  - 자부담금 20~30%+부가가치세 10% 소상공인 부담(취약계층)
  - 국비 80%(공급가액 기준), 소상공인 20% 부담(간이과세자, 1인 사업장, 장애인기업)
- 일반형: 중점 지원기술(또는 특화기술) 1개 이상을 도입하는 매장
- 미래형: 협동로봇(중점기술) 1개 이상 도입하는 매장(서빙로봇, 조리로봇 등 로봇 기반기술)

(4) 스마트상점 사업지원 내용
- 소상공인 점포에 스마트기술 또는 스마트오더 도입을 지원
- 스마트기술: 스마트미러, 키오스크, 풋스캐너 등 소상공인 점포에 적용 가능한 스마트기술 지원
- 스마트오더: 모바일 예약, 주문, 결제 시스템 등 비대면 주문 결제가 가능한 서비스 지원

(5) 신청 방법
온라인 신청: 스마트상점 지원사업 홈페이지

(6) 신청 기간
예산 소진 시까지 / 상시 모집 중

나는 무인 매장으로 퇴사합니다

(7) 문의처

대표번호 1600-6185

(8) 의지 및 역량 작성 : 300~500자 내외로 쓰는 것을 추천

① 스마트상점 기술보급 사업 지원 동기 (0~500자)

- 매장의 현황: 매장 소개, 위치, 규모, 운영 시간, 매장 운영상의
특징점 함께 운영상 발생하는 어떠한 애로사항 때문에 스마트
기술(키오스크)이 절대적으로 필요한지 어필

② 스마트기술 활용 계획 (0~500자)

- 예를 들어 신청하려는 키오스크가 추가적으로 매장에 왜 필요
한지 매장에 어떤 식으로 활용할 것인지 사용 계획에 대해 구
체적으로 작성

③ 보급 기술 사후관리 방안 (0~500자)

- 지속적인 업데이트 방법, 어떠한 문제가 생겼거나 고장 날 때
필요한 AS 서비스 어떤 식으로 받을 것인지, 어떤 식으로 매장
에서 최적화하여 사용할 것인지, 관리는 어떤 식으로 하는지
작성(미리 구매하려는 제품 업체에 확인하여 작성하기)

④ 분량: A4 용지 기준 12포인트 반 페이지 약 500자

경험형 스마트마켓

https://www.sbiz.or.kr/ssmk/

(1) 사업 목적

스마트기기를 활용해 오프라인 매장에 특화된 경험요소를 고객에게 제공하여 소상공인의 경쟁력 기반을 조성하고 디지털 역량 강화 추진

(2) 사업 개요

지원 대상: 경험요소 및 스마트요소 구현이 가능한 오프라인 매장에서 영업 중인 소상공인

소상공인: 도·소매업 50억 원 이하, 상시근로자 5인 미만

나는 무인 매장으로 퇴사합니다

(3) 신청 제한

지원제외 업종, 비영리 영위, 세금체납, 단순 무인 점포 등

(4) 지원 내용

- 경험 요소(온라인 매장과는 다른, 오프라인 매장만의 이색 체험 또는 색다른 경험)와 스마트 요소(경험 요소 구현을 위한 스마트기기)를 지원
- 고객에게 특별한 경험을 제공하는 오프라인 매장으로 체험, 강좌, 커뮤니티 등 다양한 콘텐츠를 스마트 기기를 통해 제공하는 공간
- 경험 요소: 경험 요소 구현을 위한 시설, 장비 등 인프라 구축 비용
  - 국비: 최대 13백만 원(65%)
  - 자부담: 최대 7백만 원(35%)
- 스마트 요소: 키오스크, 사이니지, 무인 계산대, AI기기, CCTV 등 스마트기기 구입비용
  - 이외 경험 요소 구현을 위한 스마트기기라고 인정되는 경우 스마트 요소로 분류
  - 국비: 최대 7백만 원(70%)
  - 자부담: 최대 3백만 원(30%)
  - 총계 3,000만 원 / 국비 2,000만 원, 자부담 1,000만 원

안심보안기술 지원 사업

https://www.kisa.or.kr/401/form?postSeq=3188&page=1

(1) 안심보안기술 지원이란?

한국인터넷진흥원은 무인 점포를 운영하는 소상공인들에게 범죄 예방을 위한 안심보안기술 제품을 지원

(2) 지원 대상

서울특별시 위치하며 한국인터넷진흥원이 지정한 업종의 무인 점포

(3) 지원 혜택

- 출입인증장치 1식: 네이버, 카카오 QR 이용가능
- 지능형 CCTV 6식: 점포 내 출입자 식별, 음성 송출 가능

나는 무인 매장으로 퇴사합니다

- 점주용 관리자 앱 제공: 앱을 통해 출입인증장치 기능 활성화

   가능, CCTV와 연계하여 실시간 매장 상황 관찰 가능

- 1년 무상 AS: 이번 사업으로 설치된 제품의 무상 AS를 1년간

   지원(1년 후 유상 진행)

(4) 신청 방법

QR 코드 인식 후, 신청 접수

(5) 문의사항 연락처

061-820-1311

희망리턴패키지 재창업사업화
(폐업경험이 있을 시)

https://www.sbiz.or.kr/nhrp/main.do

(1) 사업 목적

폐업을 하신 분들이 다시 재창업을 할 수 있게 도와주는 교육,
멘토링, 창업지원금을 지원해 주는 사업으로 소비트렌드에 부합
하고 지속가능 경쟁력이 높은 유망·특화 분야로 재창업 유도(공
고일 기준 폐업 기준일 확인 필요)

(2) 지원 대상

폐업(예정) 소상공인(e커머스), 폐업 소상공인(유망업종)

- e-커머스 폐업(예정) 소상공인 사업화 교육＋사업화 멘토링+재
  창업자금(최대 1.3천만 원)

- 유망업종 폐업 소상공인 사업화 교육＋사업화 멘토링＋재창업

나는 무인 매장으로 퇴사합니다

자금(최대 2천만 원)

- 유망업종(음식업, 카페, 베이커리 / 무인·마이크로 스토어)

(3) 신청 방법

희망리턴패키지 홈페이지로 신청

1차 서류평가, 2차 발표평가

소상공인 정책자금
(대출 연 2~4% 금리)
https://ols.semas.or.kr/ols/man/SMAN010M/page.do

(1) 공통 지원 자격

- 소상공인 보호 및 지원에 관한 법률상 소상공인: 상시근로자 5인 미만 업체(제조업, 건설업, 운수업, 광업: 상시근로자 10인 미만 업체)

- 제외업종: 유흥 향락 업종, 전문업종, 금융업, 보험업, 부동산업 등

- 정부에서 소상공인을 위한 자금을 저리에 장기간, 누구나 쉽게 받을 수 있도록 지원

- 자금지원, 폐업 시 철거비용 지원, 폐업 후 재도전 교육과 지원금 지원 등 창업의 시작부터 끝까지 원스톱으로 지원

- 각 자금별로 예산과 신청 기간이 정해져 있으며 예산이 소진되면 접수 마감되는 선착순 방식

- 소진공에 창업 시에는 크게 3가지 파트로 자금지원 가능

- 성장기반자금, 일반경영안정자금, 특별경영안정자금

- 아래 링크를 통해 자신에게 적합한 자금 신청

  https://ols.semas.or.kr/ols/man/SMAN018M/page.do

나는 내가 크는 꿈만큼 커지는 중입니다

창업의 고단함과 보람, 그리고 끊임없는 도전 속에서 나의 삶은 새로운 의미를 찾았다. 몇 년 전까지만 해도 일상에서 아내로서, 엄마로서 행복을 찾아가고 있던 나는 문구점을 창업하며 새로운 모험에 발을 들여놓았다.

첫걸음을 내디딜 때의 떨림과 설렘, 그리고 불안함을 아직도 잊지 못한다. 그러나 그때의 마음과 노력이 오늘의 브랜드 점주들과의 만남에서 새롭게 와닿는다. 그들이 나누는 감사의 마음은 나와 같은 고민과 열정을 가진 이들에게 용기를 주는 것 같다.

나는 '운이 좋다', '가족과 보내는 소중한 시간이 늘어났다', '아이들과 함께하는 즐거운 순간들이 더 많아졌다'라는 메시지를 받을 때마다, 창업 컨설팅을 하는 이유를 더욱 명확하게 느낀다. 나와 함께 한 창업자들이 변화하고 성장하는 모습을 보는 것만으로도 큰 보람을 느낀다. 새로운 것을 창조하고, 다른 이들이 그 안에서 성공을 거둘 때, 그 순간이 내게 가장 큰 보람이다. 이를 통해 우리는 삶의 의미와 가치를 찾아가는 것이 아닐까 싶다.

지금의 삶에서 더 이상의 대안이 없다고 생각하는 사람들을 위해 도전을 제안하는 것은 사실 두려운 일이다. 하지만 나는 지금까지 무인 창업을 통해 많은 사람이 다시 일어서고 새 희망을 찾는 것을 보았다. 무인 창업을 통해 사람들이 찾은 일상은 나 또한 꿈꿨던 일상이다. 그렇기에 여러 점주님의 사례를 떠올리며 느끼는 감회가 남다르다.

　점주님들의 꿈을 바라보며 나도 다시 꿈꾼다. 나는 앞으로도 계속해서 새로운 브랜드를 만들고, 창업을 꿈꾸는 분들이 자신의 열정과 성향을 발휘할 수 있도록 돕고 싶다. 창업을 통해 자신을 발견하고, 가정과 사회에 보탬이 되도록 보조하려고 한다. 창업 컨설팅을 통해 함께 아이디어를 나누고 새로운 시야를 얻는 것은 나에게 너무나도 흥미롭고 가치 있는 일이다. 그 흥미와 가치를 무인 창업 분야에 오로지 쏟고자 한다.

　이 책을 쓰면서도 나는 세 번째 브랜드를 준비 중이다. 나에게 창업이란 신나는 탐험 같다. 이번에 세 번째 브랜드로는 어떤 예비 창업자를 만날지, 또 브랜드로 어떤 길을 갈지 기대가 된다.

　더 나아가 앞으로는 창업이 어려운 청년들과 경력 단절 여성들을 위해 컨설팅을 통해 도움을 주고 싶다. 그들의 꿈을 향한 발걸음을 응원하고, 함께 성장하며 새로운 가능성과 방향을 모색하고자 한다.

에필로그

그리고 그 과정에서 우리가 모두 더 나은 미래를 향해 함께 나아갈 수 있기를 바란다. 이 모든 것이 더 많은 사람의 삶에 긍정적인 변화를 가져다줄 수 있기를 꿈꾼다. 무인 창업을 꿈꾸는 사람들과 함께, 나는 내가 크는 꿈만큼 여전히 커지는 중이다.

나는 무인 매장으로 퇴사합니다

초판 1쇄 발행·2024년 3월 15일
초판 2쇄 발행·2024년 5월 27일

지은이·용선영
펴낸이·이종문(李從聞)
펴낸곳·(주)국일미디어

등   록·제406-2005-000025호
주   소·경기도 파주시 광인사길 121 파주출판문화정보산업단지(문발동)
사무소·서울 중구 장충단로 8가길 2 (2층)

영업부·Tel 02)2237-4523 | Fax 02)2253-5291
편집부·Tel 02)2237-4524 | Fax 02)2253-5297
평생전화번호·0502-237-9101~3

홈페이지·www.ekugil.com
블 로 그·blog.naver.com/kugilmedia
페이스북·www.facebook.com/kugilmedia
E-mail·kugil@ekugil.com

·값은 표지 뒷면에 표기되어 있습니다.
·잘못된 책은 구입하신 서점에서 바꿔드립니다.

ISBN 978-89-7425-907-5(13320)